唐 勇/著

套利密码

决战沪深300指数期货

南方日报出版社
NANFANG DAILY PRESS

图书在版编目（CIP）数据

暴利密码：决战沪深300指数期货 / 唐勇著. —广州：南方日报出版社，2007.4

ISBN 978-7-80652-596-8

Ⅰ.暴…　Ⅱ.唐…　Ⅲ.股票—指数—期货交易—中国　Ⅳ.F832.51

中国版本图书馆CIP数据核字（2007）第040458号

暴利密码——决战沪深300指数期货

著　　者：唐　勇
出版发行：南方日报出版社
地　　址：广州市广州大道中289号
电　　话：（020）87373998-8502
经　　销：全国新华书店
印　　刷：湛江日报社印刷厂
开　　本：787mm×1092mm　1/16
印　　张：12
字　　数：250千字
印　　数：20001—23000册
版　　次：2007年4月第1版
印　　次：2007年7月第2次印刷
定　　价：29.80元

投稿热线：（020）87373998-8503　读者热线：（020）87373998-8502

网址：http://www.nanfangdaily.com.cn/press　http://www.southcn.com/ebook

如发现印装质量问题，影响阅读，请与承印厂联系调换。

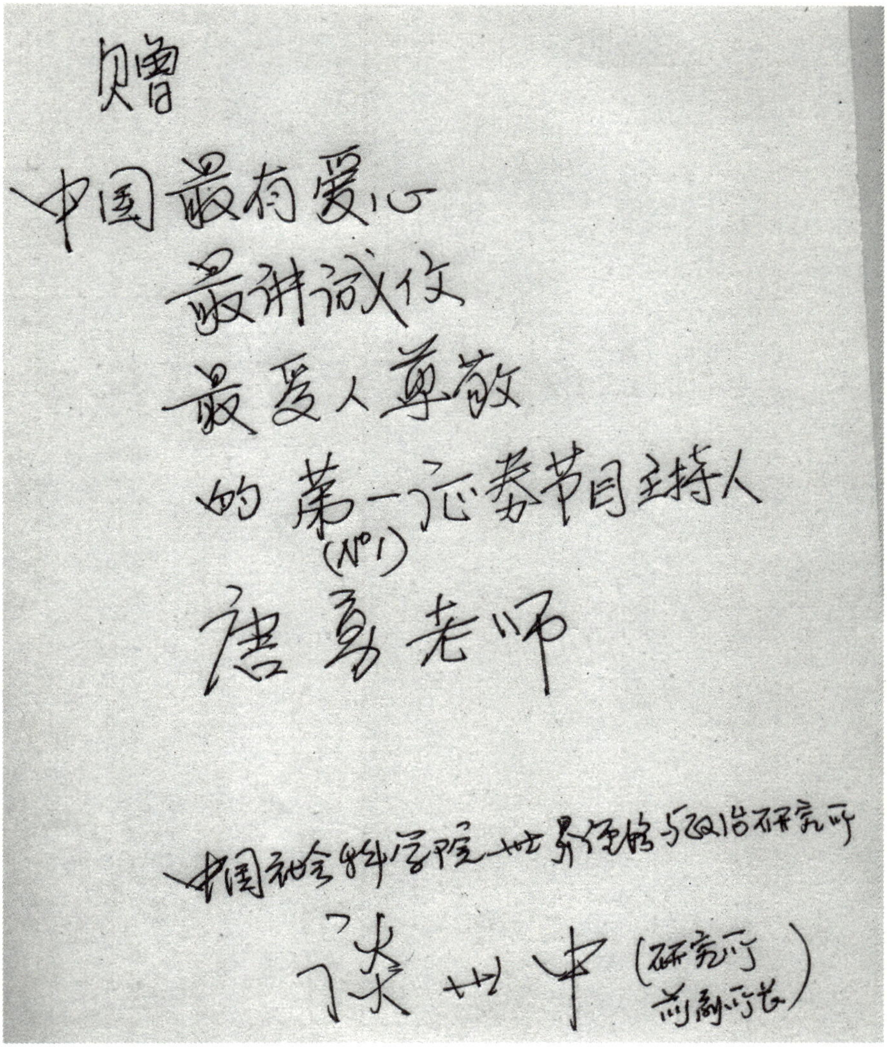
赠

中国最有爱心
最讲诚信
最受人尊敬
的第一证券节目主持人
(№1)
唐勇老师

中国社会科学院世界经济与政治研究所
谈世中（研究所前副所长）

题词：著名金融学家　谈世中

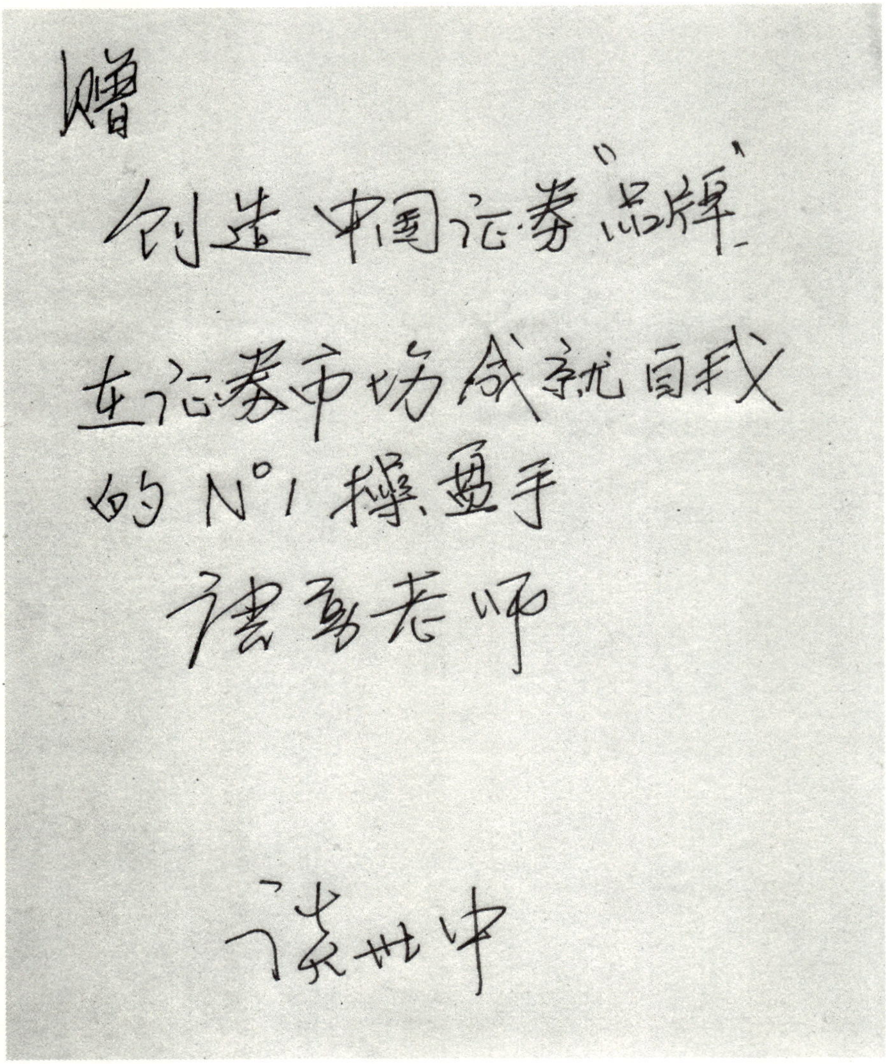

题词：著名金融学家　谈世中

如何阅读本书

我相信机缘！

当您手上捧着我的“大作”时，不也正在浏览一段机缘吗？——看来，我们真要感谢股指期货。

股指期货对于本书的绝大多数读者来讲，是个新鲜事物。

因此，在初读本书的时候，读者朋友可能会觉得有点“闷”。

不过，不要紧——渐入佳境，岂非更妙？

如果您能耐心地读完全书，来个融会贯通，我相信您一定不会“空手而归”的。

在写作本书的时候，我常常品味到股指期货设计的精妙，惊叹于人类的智慧！

但遥想当年，对于股指期货，我很长时间也都是似懂非懂，尤其这是个虚拟抽象的东西——“太超现实”了。

相信广大读者读完本书，再经过炒股指期货的“战火洗礼”，特别是见证了沪深300指数期货的最终结算后，就如同我当年经历了实战炒期货的“峥嵘岁月稠”后，对期货的理解就会更深了。

本书的内容基本分三层：对股指期货的理解，对股指期货实战的解析，再之后是我的“独门暗器”——预测大盘走势的“白水”理论。

“白水”理论是我在十多年的实践中不断总经出来的，可谓“十年一剑”，它带来的满足和喜悦，我愿与您一起分享！

“嘤其鸣矣，求其友声”。如果读者朋友能够参透其中的玄机，我会由衷地感到欣慰，拈花一笑……

欢迎赐教，这厢有礼了！

目　录

CONTENTS

如何阅读本书 / 1

序言 / 1

第一章　股指期货，又一个暴利机会 / 1

第一节　多空互博：一年 32 倍 / 1

第二节　牵手期指：与机遇共舞 / 5

第二章　股指期货及其交易 / 8

第一节　现货、期货和股指期货 / 8

第二节　股指期货的出现 / 11

第三节　沪深 300 指数期货合约的主要内容 / 15

第四节　交易基本须知 / 16

第五节　交易 / 18

第六节　每日结算和交割 / 20

第七节　股指期货交易与股票交易的比较 / 25

案例 1　国债期货：疯狂岁月 / 26

第三章　股指期货的价格 / 33

第一节　股指期货的理论价格 / 33

第二节　股指期货价格的运行轨迹 / 35

第三节　股指期货与现货指数 / 38

第四章　股指期货投资的三种方式

——套期保值、套利和投机 / 43

第一节　套期保值 / 43

第二节　套利 / 47

第三节　投机 / 54

第四节　套期保值、套利和投机的比较 / 56

案例2　套利基金：帝国兴衰 / 58

第五章　股指期货投资分析 / 64

第一节　基本面分析 / 64

第二节　技术面分析 / 68

第三节　行为金融学 / 70

第六章　脂指期货的标的

——沪深300指数 / 75

第一节　沪深300指数简介 / 75

第二节　沪深300指数在样本股构成上的特点 / 76

第三节　沪深300指数的修正 / 77

第四节　沪深300指数与上证指数的比较 / 79

第七章　影响股指期货走势的核心因素

——权重股和权重板块 / 82

第一节　“二八”现象 / 82

第二节　盯紧权重股 / 84

第三节　看死权重板块 / 89

第八章　多米诺效应与蝴蝶效应
——外围市场对内地股指期货的传导作用 / 110
第一节　中国股市与海外市场的多米诺效应 / 110
第二节　潮涌香江的蝴蝶效应 / 115
第三节　“狮城影子”——新华富时中国 A50 指数期货 / 118

案例 3　香港“绞肉机”
——恒生期指上的搏杀 / 123

第九章　“白水”理论（上）
——上善若水与三个前提 / 129

第十章　“白水”理论（下）
——桃李不言，下自成蹊 / 139

案例 4　月圆之夜
——不畏浮云遮眼望，只缘身在最高层 / 145

附：沪深 300 指数成分股对指数影响表 / 157

后记　大盘方向——猜、猜、猜 / 179

序 言

证券行业资深人士 尹飞

手捧《暴利密码》，惊讶！高兴！

惊讶于我所熟悉的唐勇先生，作为近几年中国证券市场异军突起的实力派人物、大忙人一个，是怎样的心情？又是如何的时间配置？在2007年划破天际的牛市行情中埋头苦干“爬格子”的公益事业；所谓“工欲善其事，必先利其器”，以金融行为学为基础的“白水”理论与中国股指期货随步推出，有志搏击中国金融衍生产品的人士有了制胜秘笈，是一件值得高兴的事。

读《暴利密码》，一分感悟、一分希望。

本书主打内容“白水”理论，吸取了2002年度诺贝尔经济学奖获得者丹尼尔·卡纳曼（Daniel Kahneman）行为金融学的思想精髓，将中国的人文思想与历史传承进行再结合。首先，作者认为证券市场的走势随机而无序；在此认知前提下，作者从股指期货实战的高度明确提出：“白水”理论追求有效认知股指三个月为周期的阶段走势，正如书中回顾的2005年7月20日，当时我与广州证券东园横营业部的投资者一起亲历了他的预见：7月21日，上证指数阴十字星报收；7月22日，上证指数长阳拉起；一轮多头行情拉开序幕。

“白水”理论认知市场趋势，指导实操上是有效的。但它的内涵与外延是否严谨、系统，确有斟酌之处，这需要中国的投资界、理论界作进一步的思考与探索。就如同当年索罗斯的《金融炼金术》一样，初期仅仅是投资实操界的高端人士给予特别的重视，直至2002年，获得诺贝尔经济学奖的金融行为学才将之提升到系统理论的高度。从某种意义评价，金融行为学只是对索罗斯的“反射理论”的一次系统建设与理论梳理，真正的金融行为学原创思想应该是十年前索老提出的“反射理论”，从指导实操的角度来看，“白水”理论与“反射互动”有异曲同工之处。

中国股指期货喷薄欲出，中国式的对冲基金也势必在历史的浪潮中诞生，领导中国资本在全新的市场冲浪、获利，这是当前中国资本市场存在的空白点，市场呼唤中国式的“索罗斯”人物出现。这是中国证券发展史赋予我们这一代证券人的责任与义务，需要一代人拿出一点勇气，奉献一点精神。我想，这也是唐勇先生能够在喧哗的牛市中去“爬格子”的原因所在吧！有志“冲浪”中国股指期货市场的人士，翻看“白水”理论应该会有所得吧！

第一章　股指期货，又一个暴利机会

2007年，中国股市江湖激荡——沪深300指数期货横空出世！

这，预示着，一场波澜壮阔的好戏拉开帷幕，又一个创造暴富的新神话时代来临了！

“五岳归来不看山”尽人皆知，“期指归来不炒股”，则是流行于香港股市的俗语。

1995年上半年，是国债期货“激情燃烧的岁月”。当时，我在万国证券成都营业部的大户室操盘。

曾亲眼所见：本来是炒股的一位朋友，转炒国债期货。在五个月的时间里，他从30万元起步，一路看多，一路狂赚。期间，他把账面上的浮盈再买入进行滚动式操作，最后竟炒到了上亿元！

事实上，这位朋友在短期内的暴富绝对不是个案——在炒国债期货的那段日子里，放眼神州，实现资金“核聚变”的当大有人在。

所以，此番股指期货的推出，其巨大魅力可想而知。

第一节　多空互博：一年32倍

流光容易把人抛，红了樱桃，绿了芭蕉。

股指期货则可以让你超越“红喜绿悲”的境界。

基本上，炒股只有在上涨行情中才可以赚到钱。而炒股指期货，由于可以买多也可以卖空，所以“不论牛熊市，笑看风浪起”。

1. 多头市场：疯狂的收益

上证指数在2006年上半年一路高歌，大盘涨幅达40%多。同期，沪深300指数的走势与上证指数大同小异，也涨了50%。在这样的市道里，许多股民朋友跑赢了大盘，甚至获得了2～3倍的收益。

2006 年上证指数走势图

2006 年沪深 300 指数走势图

事实上，从2005年12月，根据我独创的“白水”理论，我就已经预测到了一个大的上涨行情的来临，因此，在电视节目中，我就反复地对股民朋友们强调，“买！买！买！买！买！”

初步测算一下：如果股民朋友在这段时间内炒股指期货，大方向一路看多买入；从2006年初到5月结束，是完全可以取得5倍收益的，而如果在期间将账上的浮盈再一路买入，则收益会更高，取得10倍的收益当不在话下。

上面提到的是在多头股票市场里，炒股票和炒期货都可以赚到钱。下面，我们再看一下在空头股票市场里的情况。

2. 空头市场：一样赚大钱

2001年6月14日，上证指数创下了历史的高点2245.44点。之后，便进入了长达四年的漫漫熊途，至2005年6月6日，更是创下了这波大熊市的低点998.22点。面对这样空头肆虐的大熊市，炒股的朋友们大多损失惨重，其切肤之痛令人至今难忘。

2005年2~6月，上证指数走势图

上面截取的是2005年2月至2005年6月的上证指数走势图，在这波下跌行情中，上证指数从高点至低点，跌了 24%。

2005 年 1 ~5 月，沪深 300 指数走势图

同期，沪深 300 指数的走势与上证指数同样是大同小异，也跌了 24%。

如果股民朋友在这段时间内炒股指期货的话，初步测算：从这波下跌行情的起点 2 月到 5 月结束，大方向一路看空卖出股指期货，是可以取得 2 ~3 倍的收益的；如果在期间，将账上的浮盈再一路卖出，则收益会更高，取得 4 ~5 倍的收益一点也不奇怪。

一句话，由于可以很方便地买多也可以卖空，炒股指期货，在熊市里也可以赚大钱。

3. 平衡市场：左右皆逢源

以上提到的都是比较明显的上升或下降市道，相比较而言，这种单边市还是少见的。大多数情况下，市场是处于一个很少有大波动的平衡市中。尤其在中国股市逐步走向成熟后，大盘的剧烈波动将会逐步减少，市场更多的时候会表现为一种多空力量处于平衡的胶着状态。

初步设想一下：在指数最高点与最低点相差10%（在中国股票市场里，这个幅度应该是相当小的了）的一个波段中，你如果炒股指期货，在高点卖出（或在低点买入），并在相应的低点买入（或在高点卖出），这么一次成功的操作，你就可以取得1倍的收益。

一般来说，一年有5次这样不算大的波幅是很正常的，如果你都操作成功了，那么你的收益将是在翻倍的基础上再翻倍，一年之内翻倍达5次之多，最终你的年收益是：$2\times2\times2\times2\times2=32$倍！

事实上，研究认为，股指期货的波动要比现货指数大一些（这在本书的后面章节中有论述）。在上面提到的平衡市中，一年下来，如果你每一次都波段操作成功，那么你的收益将不止32倍。

第二节　牵手期指：与机遇共舞

内地很多投资者有一个误区：认为股指期货市场风险不但比股市大，而且是要大得多。

不可否认，这种认识有一定的合理性。

但如果认识只停留在肤浅的层面上，则在某种程度上，就是对股指期货的认识不足了。

不谈股指期货，单就投资者比较熟悉的商品期货而言，投资者对商品期货退避三舍，我想，可能主要是出于以下的原因：

1. 中小散户觉得炒期货是有钱人的游戏，自己资金太小，承受风险的能力有限；

2. 隔行如隔山，对商品期货不熟悉，有恐惧心理。

相比较而言，如果投资者具备了炒股的经历，对于大盘的涨跌已是司空见惯了，再炒股指期货就不会有太多的隔阂，要跨越股指期货这个“门槛”应该不会是很困难的事了。

与炒股相比，炒股指期货的风险要大，这是不争的事实。但反过来讲，高风险也意味着高收益。

事实上，这种风险是相对而言的，远没有一些人想象的那么大，技术才是决定性的因素之一。如果资金管理得当，系好“安全带”，是可以将这种风险降低到可承受范围的。

因此，如果你有高超的技巧，牵手期指就是与机遇共舞！

与炒股相比，在某种意义上，炒股指期货的风险反而有可能还要小一些。

炒股票，是散户与庄家的斗争，相比较而言，由于庄家拥有庞大的资金和信息优势，散户一般是处于劣势的。

而炒股指期货，是多空两个阵营的斗争，在多方和空方阵营中，都有着资金众多的机构。

庄家可以操控某只股票的涨跌，但股指期货的标的是大盘指数，实力机构若想操纵指数，则要困难得多。

与炒股票相比，炒股指期货对每一个投资者来讲，要更公平一些。

我不想过分地夸大炒股指期货的收益而误导大家忽视其中所蕴含的风险。

需要注意的是，股指期货是零和游戏。

举例来讲，当大盘指数从1 000点涨到2 000点的时候，可以认为：炒股票的人都是赚钱的，只是赚多赚少的问题。

而炒股指期货则不同，当指数从1 000点涨到2 000点的时候，市场里赚了多少钱，则意味着就亏了多少钱，价值并不会增加。要是再考虑到交纳的交易手续费的话，则是赚的比亏的还要少那么一点点呢！

2000年之前，在与香港一水之隔的深圳，有位投资者炒恒生指数期货，在半年时间内，赚了150倍。

事实上，大多数投资者不会像这位投资者这样幸运。

所谓“一将功成万骨枯”，说句不太准确的话，在这个市场里，有多少赚的就有多少亏的。

要在股指期货的投资中存活下来并取得成功，依靠的是道行和运气。因此，修炼自己炒股指期货的道行，就尤为必要。

但对于有进取心的投资者来讲，股指期货值得一试！

我也相信，许多投资者也都在跃跃欲试了。

作为一个在证券市场沉浮多年的专业人士，我常常回味狄更斯在《双城记》里的那一段话：

这是最好的时代，这是最坏的时代；这是智慧的时代，这是愚蠢的时代；这是信仰的时期，这是怀疑的时期；这是希望之春，这是失望之冬；人们面前有着各样的事物，人们面前一无所有；人们正在直登天堂，人们正在直下地狱……

在股指期货提供的机会与风险面前，真正的华彩人生是：我来了，我看见，我征服！

第二章　股指期货及其交易

2006 年 9 月 4 日，中国金融期货交易所股份有限公司顺利完成了工商注册登记。中国金融期货交易所股份有限公司的注册资本金为 5 亿元人民币。上海期货交易所、大连商品交易所、郑州商品交易所、上海证券交易所和深圳证券交易所各出资 1 亿元，各占 20% 股份。

2006 年 9 月 8 日，中国金融期货交易所（简称“中金所”）正式在上海挂牌成立。

国内目前唯一的金融期货品种——沪深 300 股指期货的推出，终于拉开了正式的帷幕。

他山之石，可以攻玉。

股指期货在香港已有 20 多年的历史了，在香港期指市场上，参与股指期货交易的人群非常广泛，在这里，既有掌控上千亿美元的国际巨型基金管理公司，也有一大批中小散户，如家庭主妇等普通民众。

香港还形成了一批依靠股指期货市场生存的职业个人投机者，这个群体的人数至少有 2 000 名。通过炒股指期货，每月收入几万到十几万元的普通投资者可谓遍布香江。

因此，毫不夸张地讲，散户参与股指期货也是可以赚大钱的。

相信沪深 300 指数期货的推出，又将使一批散户乌鸡变凤凰，从散户晋身至大中户室。

第一节　现货、期货和股指期货

由于股指期货是期货的一种，在谈股指期货前，先要了解期货，而要了解期货，先说说现货。

1. 现货

期货是与现货相对应的。

在现货市场上，买卖双方一方交货，另一方付款。比如，我们在菜市场买二斤羊肉，一手交钱一手交货，这就是现货交易。

另外一种现货交易是，通过谈判和签订合同达成交易，合同中规定了商品的质量、数量、价格和交货的时间、地点等。在这一现货合同交易中，除非有非常特殊的情况（如不可抗力等），不经双方再次协商，合同的内容（包括价格等）是不可更改的。

对于沪深300指数期货来讲，现货就是当前的沪深300指数。

2. 期货

所谓期货，就是规定未来一定时期（这是“期”）交割的商品（这是“货”，包括实物商品或金融商品）。

由于期货合约由期货交易所统一制订，对商品的质量、数量、规格、交货的时间、地点等都做统一的规定，期货实际上是一种可以反复转让、反复买卖的标准化合同。

期货交易，就是以保证金为基础，在期货交易所内买卖各种特定商品标准化合同的交易方式，它唯一的变量是商品的价格，其价格是在一个有组织的期货交易所内通过竞价而产生的。

在不同的时期，同一商品可以有不同的价格，这为期货价格的波动制造了理由。

3. 股指期货

根据期货合约标的物的不同，期货可分为商品期货和金融期货。

目前，在我国有上海期货交易所、大连商品交易所和郑州商品交易所三家商品期货交易所。其中，上海期货交易所以铜、铝和胶等工业品期货为主，大连商品交易所和郑州商品交易所以大豆、玉米和白糖等农产品期货为主。

根据各类金融工具的特点及适用范围不同，金融期货分成外汇期货、利率期货和股指期货。

股指期货是我国目前交易的唯一的金融期货。

股指期货（STOCK INDEX FUTURES，即股票指数期货）是指以股票市场的价格指数（如我们熟悉的上证指数和深圳成分股指数等）作为交易标的物的金融期货合约，交易双方同意在将来某一时期按约定的价格，买卖股票指数的可转让的标准化期货合约。

目前，国内推出的是以沪深300指数为标的物的沪深300股指期货。

对于沪深300指数期货来讲，有四个月份的合约同时挂牌进行交易，分别是当月、下月及随后两个季月。

这意味着：现在交易的是未来的当月、下月及随后两个季月到期结算的合约。合约到期后，是要摘牌的，并不是可以一直交易下去的。

如在2006年，当月月份为7月，则下月合约为8月，季月合约为9月与12月。表示方式为IF0607、IF0608、IF0609和IF0612。其中，IF为合约的交易代码，06表示2006年，07表示7月份合约……

4. 股指期货与商品期货的比较

作为金融期货乃至期货中的一种，股指期货具有金融期货和期货的一般特点。此外，股指期货还具有一些自身的特点。主要表现在：

（1）股指期货合约的交易对象既不是具体的实物商品，也不是具体的金融工具，而是衡量各种股票平均价格变动水平的无形的指数。

（2）对于交易价格，一般商品期货合约的价格是以合约自身价值为基础形成的，而股指期货合约的价格是股票指数的点数乘以人为规定的每点价格形成的。

例如，2006年8月25日，当沪深300指数为1 300点时，根据中金所的规定，每一指数点的价值为300元，则若以1 300点的指数位买卖股指期货，其成交价格即为：$1\ 300 \times 300 = 390\ 000$元。

（3）商品期货的交割都要涉及到实物进行交割，而股指期货是以现金交割，这种纯现金的交割方式，是股指期货的一大特色。

所谓交割，是指买卖双方履行交易合约，进行钱货两清的买卖行为。

股指期货合约到期后，合约持有人（包括买卖双方）只需交付或收取到期日股票指数与合约成交指数间的差额所对应的现金，即可了结交易。

除了交易方式简便，大大降低了交割成本外，现金交割也减少了商品期货所面临的一些非系统性违约风险，如商品规格不合规定或是产量限制而缺货等。

5. 股指期货的主要功能

一般来说，期货交易的功能有两个：价格发现和套期保值功能。作为金融期货的一种，指数期货也具有这两个功能。

（1）所谓价格发现功能，是指利用期货市场公开竞价交易等交易制度，形成一个反映市场供求关系的市场价格。

具体来说就是，股指期货市场的价格能够对股票市场未来走势作出预期反应，同现货市场上的股票指数一起，共同对国家的宏观经济和上市公司的总体经营状况作出预期。

（2）股指期货价格和股票价格在同一市场环境内受到相同的宏观经济因素的影响和制约，因而一般情况下，两个市场的价格变动趋势相同。

股指期货的套期保值指在买进或卖出现货（一般指股票）的同时，在股指期货市场上卖出或买进股指期货合同，在股指期货合同到期后，因价格变动而在现货（一般指股票）买卖上所造成的亏损，可由股指期货合同交易的赢利弥补。

关于以上两点功能，在这里只是简单地提一下，详细论述可参见本书后面章节中的相关内容。

第二节　股指期货的出现

从历史进程看，期货交易是由现货交易发展而来的。

在古希腊和罗马，就产生了期货的萌芽。13 世纪比利时的安特卫普、17 世纪荷兰的阿姆斯特丹和 18 世纪日本的大阪，就已经出现了期货交易的雏形。

但直到 1848 年，芝加哥期货交易所（CBOT）的问世，才标志着现代意义上的期货交易的产生。

相比较而言，在期货市场 150 余年的历史上，金融期货的出现则要晚得多。

1972 年 5 月 16 日，芝加哥商业交易所（CME，注）的国际货币市场（IMM）推出外汇期货合约，标志着金融期货这一新的期货类别的诞生，也掀起了一个期货市场发展的黄金时代。

之后不久，股指期货也走上了金融舞台。

注：2006 年 10 月 17 日，芝加哥商业交易所（CME）和已竞争百年的同城对手芝加哥期货交易所（CBOT）合并，组成 CME 集团有限公司，成

为全球最大的衍生品交易所。

一、市场对利用股指期货进行套期保值的需求

第二次世界大战以后，以美国为代表的发达市场经济国家的股票市场取得飞速发展，上市股票数量不断增加，股票市值迅速膨胀。

以纽约股票交易所为例：1980 年，其股票交易量达到 3 749 亿美元，是 1970 年的 3.93 倍；日均成交 4 490 万股，是 1960 年的 19.96 倍；上市股票 337 亿股，市值 12 430 亿美元，分别是 1960 年的 5.185 倍和 4.05 倍。

随着股票市场的迅速膨胀，股票市场的投资结构也在不断发生变化。“二战”以后，以信托投资基金、养老基金和共同基金为代表的机构投资者取得快速发展，它们在股票市场的投资中占有越来越大的比例，并逐步占据了主导地位。

1. 第一次石油危机

1973 年 10 月，第四次中东战争爆发。当年 12 月，为打击以色列及其支持者，石油输出国组织（OPEC，即“欧佩克”）的阿拉伯成员国宣布收回原油标价权，并将其基准原油价格从每桶 3.011 美元提高到 10.651 美元。由此，国际市场上的石油价格从每桶 3 美元涨到 12 美元，上涨了 3 倍，爆发了第一次石油危机。

第一次石油危机持续了 3 年，这对发达国家的经济造成了严重的冲击，引发了第二次世界大战之后最严重的全球经济危机。这期间，美国的工业生产下降了 14%，GDP 下降了 4.7%；日本的工业生产下降了 20% 以上，GDP 则下降了 7%；欧洲 GDP 下降了 2.5%。

受石油危机的影响，西方各国出现了经济滞胀，伴随着经济增长缓慢的，是物价的飞涨，利率的波动剧烈。股票市场经历了“二战”后最严重的一次危机，在 1973 ~ 1974 年间，道·琼斯指数的下跌幅度超过了 50%。

面对这一突发的打击，股票投资者，尤其是运作各种大资金的机构投资者，迫切需要一种能够有效规避风险，实现资产保值的金融工具。但在股市下跌面前，人们意识到，并没有恰当的金融工具可以利用。

2. 投资组合的总风险

在股票中场上，股市投资者面临的风险可分为两种。

一种是股市的整体风险，又称为系统风险，即所有或大多数股票的价

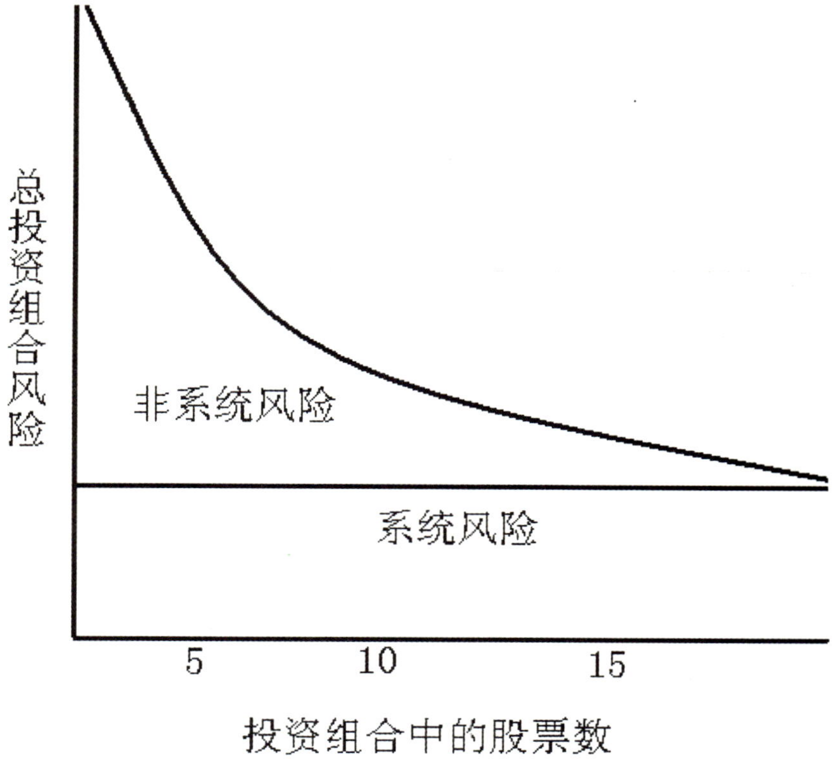

格一起波动的风险。

另一种是个股风险，又称为非系统风险，即持有单个股票所面临的市场价格波动风险。

通过投资组合，即同时购买多种风险不同的股票，可以较好地降低和消除非系统风险，但不能有效地规避整个股市下跌所带来的系统风险。

而在 20 世纪 70 年代以后，随着西方国家股票市场的波动日益加剧，随着机构投资者持有股票的不断增多，投资者所面临的规避股市系统风险的要求也越来越强烈。

由于股票指数基本上能代表整个市场股票价格变动的趋势和幅度，人们开始尝试着将股票指数改造成一种可交易的期货合约，并利用它对所有股票进行套期保值，规避系统风险，于是股指期货应运而生。

二、股指期货交易的提出

看到了市场的需求之后，一个区域性的交易所——美国堪萨斯市交易所（KCBT）在经过深入的研究分析之后，于1977年10月向美国商品期货交易委员会（CFTC）提交了开展股票指数期货交易的报告，并提议以道·琼斯的“30种工业股票”指数作为交易标的。

由于认为是“一群期货经纪商竟然想以我们的指数来赌博”，道·琼斯公司断然拒绝了堪萨斯市交易所的提议，并表示在必要的时候将以妨碍名誉提出诉讼。

后来，堪萨斯市交易所找到 Arnold Bernhard & Company，决定以 Arnold Bernhard & Company 的价值线指数（Value Line Index）作为期货合约的交易标的。经过 Arnold Bernhard & Company 的同意后，堪萨斯市交易所将修改后的报告再次提交给美国商品期货交易委员会。

但由于美国商品期货交易委员会与美国证券交易委员会（SEC）关于股票指数期货交易管辖权存在争执，该报告迟迟未获通过。

直到1981年，新任商品期货交易委员会主席菲利浦·M. 约翰逊和新任证券交易委员会主席约翰·夏德达成了“夏德—约翰逊协议”，明确规定股指期货合约的管辖权属于商品期货交易委员会，才为股指期货的上市扫清了障碍。

1982年，该协议在美国国会通过。

说起美国国会通过该报告，据说还有个插曲：由于股指期货在交易过程中并不创造价值，并且交易的是并不与实物相关联的虚拟的股票指数，因此，国会的议员们关注的一个焦点是，可以买空卖空的股指期货与猜硬币正反面类似的赌博到底有什么区别？为了打消国会议员们的疑虑，交易所为此向议员们作了详尽的说明，来解释股指期货推出的重大意义，并最终说服了这些门外汉。

三、股指期货的闪亮登场

1982年2月24日，堪萨斯市交易所推出了价值线指数期货合约交易。股指期货的交易一开市就很活跃，当天成交近1 800张合约。

此后，在同年的4月21日，芝加哥商业交易所（CME）推出了 S & P

500 股指期货交易，当天交易量就达到 3 963 张。

紧接着，纽约期货交易所（NYFE）于 5 月 6 日推出了纽约证券交易所综合指数期货交易。

股指期货一诞生，就取得了空前的成功，价值线指数期货合约推出的当年就成交了 35 万张。同年，S & P 500 股指期货的成交量则更大，达到了 150 万张。

1984 年，股票指数期货合约交易量已占美国所有期货合约交易量的 20% 以上。

目前，全球范围内已拥有 200 种股指期货，股指期货是最活跃的期货品种之一，股指期货交易也被誉为 20 世纪 80 年代“最激动人心的金融创新”。

第三节　沪深 300 指数期货合约的主要内容

股指期货是以股票指数为基础交易物的期货合约，由于标的物的独特性质，决定了股指期货独特的交易规则，也因此产生了股指期货合约的独特内容。

股指期货交易的是标准化的合约，现将沪深 300 指数期货合约的一些内容整理如下：

合约价值	沪深 300 指数点 ×300 元
最小变动价位	0.1 个指数点
每日价格波动限制	涨跌停板为上一交易日结算价的正负 10%
合约月份	当月、下月及随后两个季月
交易时间	周一至周五，9:15 ~ 11:30，13:00 ~ 15:15（北京时间）
最后交易日交易时间	9:15 ~ 11:30，13:00 ~ 15:00
最后交易日	合约到期月份的第三个星期五，遇法定节假日顺延
结算方式	最后一小时成交量的加权平均价为结算价，实行逐日现金结算
最后结算日	同最后交易日

（续表）

最后结算价	最后交易日现货指数最后两小时所有指数点的算术平均价
手续费	30 元/手（含风险准备金）
交易代码	IF

现对以上内容的一部分作一些解释，其他部分的解释可以参考本书其他章节的内容。

1. 合约乘数和合约价值

股指期货是用指数的点数来报出它的价格。

在股指期货中，其指数值是货币化的，也就是说，期货的股票指数代表一定的货币金额。相关标的指数的点数与某一既定的货币金额乘积，就是合约价值。这一既定的货币金额常被称为乘数。具体到沪深 300 股指期货，其标的物为沪深 300 指数，其合约乘数规定为 300 元。

例如，沪深 300 指数期货合约价格为 1 300 点，则表示一张合约的价值为 $1\ 300 \times 300 = 390\ 000$ 元。若沪深 300 指数上涨了 100 点，则表示一张合约的价值增加或减少了 $100 \times 300 = 30\ 000$ 元。

2. 最小变动价位

股指期货合约交易的报价是按照指数点进行的，股票指数期货的最小变动价位，也以一定的指数点来表示，其价格必须是交易所规定的最小价值的整数倍。

沪深 300 指数期货合约的最小变动价位是 0.1 个指数点，由于每个指数点的价值为 300 元，因此，就一张（或称一手）合约而言，其最小变动价位价值为 $300 \times 0.1 = 30$ 元。

第四节　交易基本须知

1. 多大的资金可以炒股指期货？

刚炒股的人首先要问的是，多少钱可以炒股？

炒股指期货，大家关心的第一件事也是，多少钱可以炒股指期货？

根据沪深 300 指数期货的合约设计和交易规则，沪深 300 指数期货合约的乘数为 300 元/点，最小变动单位为 0.1 点。以 2006 年 11 月沪深 300

指数收报1 500点为例，此时股指期货的当月合约价格基本在1 500点附近，我们基本可以假定，每张合约的价值为1 500×300＝45万元。

但这并不意味着，为了买卖一张合约（股指期货的最少交易单位是一张合约），投资者需要动用45万元。

股指期货交易实行的是保证金制度，根据规定，中金所收取8%的保证金，期货公司将保证金比例提升至10%。

注：此保证金比例为试行比例，沪深300指数期货正式运行后，实际的保证金比例请以中金所及期货公司规定为准。

在沪深300指数期货合约价格在1 500点的时候，投资者若投资股指期货，对每张合约需缴纳保证金45万元×10%＝4.5万元，即可买卖一张股指期货的合约了。

除此外，考虑到交易的单边手续费30元/手（含风险准备金），以及防止出现亏损后要补齐账面亏损的事实，中小散户基本上是要投入七八万元钱，才可以炒股指期货的。

2. 股指期货的手与张

如果投入七八万元钱炒股指期货，则最多也只是可以买卖1手（或称1张）沪深300指数期货合约。

大家知道，买卖股票的交易单位可以按“手”来计算，最低交易单位是“1手”，无论交易额大小，均为1手的整数倍（2手、3手……），而1手等于100股。

买卖股指期货合约的交易单位也是手（或称张），且最低交易单位也是“1手”，无论交易额大小，均为1手的整数倍（2手、3手……），1手等于1张沪深300指数期货合约。

只有具备买卖最低1手的资金，才有资格进行股指期货的交易。

但可别小看这股指期货的1手，这1手的价值，大多情况下不是股票的1手的价值能比的。根据我们上面的计算，在沪深300指数期货合约价格为1 500点的时候，这1手股指期货合约的价值等于45万元呢。

3. 炒股指期货是以小博大的保证金交易

虽然1手股指期货合约的价值高达45万元，投资者却只需动用4.5万元，就可以买卖1手股指期货合约了。

因为炒期货采用的是保证金制度，是以小博大的交易规则。

交纳10%的保证金，即4.5万元，就可以撬动45万元了。

前面已经讲过，炒股指期货是可以买多也可以卖空的双边交易。

这就意味着，投资者买卖1手沪深300指数期货合约后，只要合约价格涨跌（基本上也就是沪深300指数点位的变动幅度）10%，即意味着45万元×10%=4.5万元的盈亏。

所以，要是看准了方向，指数期货的合约价格涨跌10%，就可以实现翻番的赢利；反之，若是看错了方向，则4.5万元就亏光了。

保证金交易制度的实施，使投资者的盈亏都放大了10倍，这正是炒股指期货与炒股票相比，风险大的主要原因。

注意：上面的只是以股指期货合约价格为1 500点时为例进行计算。由于沪深300指数合约的价格是不断变动的，因此具体到需要多少钱才可以买卖1手股指期货合约，大家可以按上面的思路，进行动态的计算。

第五节　交　易

沪深300指数期货的交易实现了完全电子化，投资者通过期货公司的电脑系统输入买卖指令，由交易所的撮合系统进行撮合成交，即可以进行交易了。

交易时间

周一至周五，9:15至11:30，13:00到15:15。

在最后交易日，下午收盘时，到期月份合约收盘与股票市场收盘时间一致（即15:00），其他月份合约仍然在15:15收盘。

集合竞价产生开盘价

在开盘前5分钟内进行，其中前4分钟为买、卖指令申报时间，后1分钟为集合竞价撮合时间。

集合竞价产生的成交价格为开盘价。如果集合竞价未产生价格的，以当日第一笔成交价为当日开盘价。如果当日该合约全天无成交，以昨日结算价作为当日开盘价。

集合竞价采用最大成交量原则，即以此价格成交能够得到最大成交量，所有成交的报价都以开盘价而非报价作为成交价。

在开盘集合竞价中的未成交申报单在开市后自动转为竞价交易。

股指期货价格撮合的原则

中金所计算机交易系统在撮合成交时，基本按价格优先、时间优先的原则进行。具体地讲，就是买家出价高的优先，卖家出价低的优先，如果出价相同则挂单时间最早的优先。

收盘价

合约当日交易的最后一笔成交价格，即为收盘价。

交易指令

沪深300指数期货交易中接受三种指令：市价指令、限价指令和取消指令。交易指令当日有效，在指令成交前，客户可提出变更或撤销。

（1）市价指令：指不限定价格的买卖申报，尽可能以市场最好价格成交的指令。

（2）限价指令：指执行时必须按限定价格或更好的价格成交的指令。

它的特点是如果成交，一定是客户的预期价格或比其更好。

（3）取消指令：指客户将之前下过的某一指令取消的指令。

如果在取消指令生效之前，前一指令已经成交，则称为取消不及，客户必须接受成交结果。如果部分成交，则可将剩余部分还未成交的撤销。

每次最大下单量

交易指令每次最小下单数量为1手，每次最大下单数量为500手。

每日价格波动限制

同股票交易一样，为了防止市场发生恐慌和投机狂热，也为了限制单个交易日内太大的交易损失，中金所规定了单个交易日中合约价值最大的上升或下降极限，

在开盘之后，当合约申报价触及前一交易日结算价正负6%且持续一分钟，将对合约启动熔断机制。启动熔断机制之后，在随后的连续10分钟内，该合约卖买报价限制在正负6%之内（超过正负6%的申报会被拒绝），继续撮合成交。

10分钟后，当日交易的最大涨跌幅度限制在正负10%之内，此为涨跌停板制度。

开仓、平仓与持仓

在股指期货交易中，买进期货合约者称为多头，卖出股指期货合约者称为空头。多头认为股指期货合约的价格会上涨，所以会买进；相反，空

头认为股指期货合约的价格高了，以后会下跌，所以才卖出。

头寸（position）也就是款项的意思，首次买入合约叫建立多头头寸，首次卖出合约叫建立空头头寸，建立买卖头寸的术语叫“开仓”。

开仓后，不必一直持有到期，在股指期货合约到期前任何时候都可以做一笔反向交易，冲销原来的头寸，这笔交易叫平仓。

一天交易结束后，手头没有平仓的合约叫持仓。

持仓限额和大户报告制度

持仓限额是指每个投资者允许的单边（买或卖）的最大持仓量。沪深300指数的持仓限额为单边最大2 000手。

规定最大持仓限制的目的是为了防止少数资金实力雄厚者凭借掌握超量持仓操纵及影响市场。

此外，为了防范风险过度集中，中金所规定，当某一合约持仓量（单边）超过10万手时，结算会员在该合约上的持仓量（单边）不得超过该合约市场持仓总量的25%。

注：本章所揭示的一些交易规则为试运行交易规则，沪深300指数期货正式推出后，正式的交易规则，请以公布内容为准。

第六节　每日结算和交割

1. 每日结算

对于投资者的交易，要进行每日结算，这是按“逐日盯市”的方法来控制风险。

进行盈亏结算，需要明确结算价。

对于未到期的股指期货合约，沪深300指数期货的当日结算价，是指某一期货合约最后一小时成交量的加权平均价。

最后一小时无成交且价格在涨/跌停板上的，取停板价格作为当日结算价。最后一小时无成交且价格不在涨/跌停板上的，取前一小时成交量加权平均价。该时段仍无成交的，则再往前推一小时，以此类推。交易时间不足一小时的，则取全时段成交量加权平均价。

注意：当日结算价不等于当日收盘价。

具体结算的计算方法如下：

（1）持仓合约，用其持有成本价与结算价比较来计算盈亏。

（2）平仓合约，则用平仓价与持有成本价比较计算盈亏。

对于当天开仓的合约，持有成本价等于开仓价；对于当天以前开仓的历史合约，其持有成本价等于前一天的结算价，因此计算保证金的时候，也按前一天的结算价来计算。

结算完毕后，每天会把账面盈亏都结算给投资者。所以，炒股指期货时，当你持仓，并且赢利后，赢利就已变成现钱了，你可以在明天再用这笔赚的钱来交易了。

当天结算后，持仓合约的成本价就变成当天的结算价了。

具体举例如下：

在期货交易账户计算中，盈亏计算、权益计算、保证金计算以及资金余额（即可开仓交易资金）是四项最基本的内容。

例1：某投资者在某期货经纪公司开户后存入保证金10万元，在9月6日开仓买进9月沪深300指数期货合约2手，成交价为1 420点，同一天该客户卖出平仓1手沪深300指数期货合约，成交价为1 440点，当日结算价为1 430点。则该投资者的账户情况为：

当日平仓盈亏 =（1 440 − 1 420）×1 ×300 =6 000元

当日开仓持仓盈亏 =（1 430 − 1 420）×（2 − 1）×300 =3 000元

当日盈亏 =6 000 +3 000 =9 000元

手续费 =30 ×（2 +1）=90元

当日权益 =100 000 +9 000 −90 =108 910元

保证金占用 =1 430 ×300 ×1 ×10% =42 900元

资金余额 =108 910 −42 900 =66 010元

注：以上计算，合约乘数为每点300元，交易保证金比例为10%，手续费为单边每手30元，以下类同。

资金项目	金额（单位：元）
存入保证金	100 000
（+）平仓盈亏	6 000
（+）持仓盈亏	3 000
（−）手续费	90

（续表）

资金项目	金额(单位:元)
=当日权益	108 910
(－)持仓占用保证金	42 900
=资金余额	66 010

例2：9月7日，该投资者未做交易，持仓1手买入合约不动，当日结算价为1 425点。则该投资者的账户情况为：

当日持仓盈亏＝(1 425－1 430)×1×300＝－1 500元

当日盈亏＝－1 500元

手续费＝0元

当日权益＝108 910－1 500＝107 410元

保证金占用＝1 425×300×1×10%＝42 750元

资金余额＝107 410－42 750＝64 660元

注意：持仓合约成本价已不是实际开仓价1 420点，而是上日结算价1 430点。

资金项目	金额（单位：元）
存入保证金	108 910
(＋)平仓盈亏	0
(＋)持仓盈亏	－1 500
(－)手续费	0
=当日权益	107 410
(－)持仓占用保证金	42 750
=资金余额	64 660

例3：9月8日，该投资者平仓卖出1手9月沪深300指数期货合约，成交价为1 440点；后来又开仓卖出2手9月合约，成交价为1 450点，之后又平仓买入2手9月合约，成交价为1 435点。

关于该投资者目前的账户情况，读者可以根据上面的例子，自己计算一下（注意不要将买多与做空的方向弄错了），以熟悉股指期货的结算。

总之，该投资者最终的账户资金余额为：120 760元。

2. 追加保证金和强制平仓

我们已经知道，当日权益减去持仓保证金就是资金余额。

如果当日权益小于持仓保证金，则意味着资金余额是负数，同时也意味着保证金不足了。按照规定，期货经纪公司会通知账户所有人在下一交易日开市之前将保证金补足，此举即称为追加保证金。

例4：（接上面的例子）9月9日，客户增加了9000元保证金至账户，该投资者平仓卖出3手9月沪深300指数期货合约，成交价为1411点，当日结算价为1426点。则该投资者的账户情况为：

当日开仓持仓盈亏 =（1 411 −1 426）×3×300 = −13 500 元

当日盈亏 = −13 500 元

手续费 =30×3 =90 元

当日权益 =129 760 −13 500 −90 =116 170 元

保证金占用 =1 426×300×3×10% =128 340 元

资金余额 =116 170 −128 340 = −12 170 元

资金项目	金额（单位：元）
存入保证金	129 760
（+）平仓盈亏	0
（+）持仓盈亏	−13 500
（−）手续费	90
=当日权益	116 170
（−）持仓占用保证金	128 340
=资金余额	−12 170

显然，该投资者要维持3手的空头持仓，保证金尚缺12 170元。

在接到期货公司的追加保证金的电话通知后，该投资者在下一交易日开市之前存入2万元到账户，补足了12 170元的保证金缺口，则该投资者可以继续持3手空仓正常交易。

如果该投资者在下一交易日开市之前没有将保证金补足，按照规定，期货公司可以对该投资者的持仓实施部分或全部的强制平仓，直至留存的保证金符合规定的要求。

期货经纪公司行使强制平仓权，应符合以下条件：

（1）只有当期货商及时通知客户追加保证金，其接到通知后，未能在规定的时间内追加保证金时，期货商才能行使此权利，如果期货商未履行通知义务而强行平仓，给客户造成损失的，应承担赔偿责任；

（2）强行平仓合约的金额应相当于客户应追加的保证金数额。

经过计算，该投资者账户上的116 170元的权益可以保留的持仓为116 170/(1 426×300×10%)≈2.72手。这样，期货公司可以将其持仓强制平掉1手。

9月10日开盘前，该投资者没有将应该追加的保证金交给期货公司。9月股指期货合约当天以1 427点开盘，期货经纪公司将该投资者的1手空头持仓强制平仓，成交价为1 428点。

3. 爆仓

爆仓是指账户权益为负数，这意味着保证金不仅全部输光，而且还倒欠了。

正常情况下，在逐日清算制度及强制平仓制度下，爆仓是不会发生的。然而在有些特殊情况下，行情会发生大的波动，持仓头寸较多且逆方向的账户就有可能会爆仓。

发生爆仓时，投资者需要将亏空补足，否则会面临法律追索。

4. 交割

股指期货合约到期时，需要进行交割，交割完成后该股指期货合约摘牌。

根据沪深300指数期货交易规则，每个合约品种的最后交易日为：交割月份的第三个星期五；

最后结算价为：最后交易日，现货指数（沪深300指数）最后两小时所有指数点的算术平均价。

最后结算价与每日结算价不同，每日结算价以最后一小时期货合约的成交量的加权平均价计算，而最后结算价是以最后交易日内最后两小时“现货指数的价格”为基础进行算术平均。这一点特别要引起投资者的注意。

股指期货采用的是现金交割。所谓现金交割，是指在到期当日，每一个未平仓合约将得到自动的冲销，通过计算最后结算价，对未平仓合约通过与该最后结算价进行盈亏结算，进行现金结算划拨盈亏，来了结头寸。

注：本章所揭示的一些交易规则为试运行交易规则，沪深300指数期

货正式推出后，正式的交易规则，请以公布内容为准。

第七节　股指期货交易与股票交易的比较

1. 股指期货合约可以买入，也可以卖空

在股票交易中，一般情况下，投资者必须先买入股票才能卖，没有股票的人是不能卖空的。虽然股票的融资融券制度出台后，股票交易也可以卖空，但操作的难度相对来讲就太大了，卖空的出现并不会太多。

但股指期货合约可以买入，也可以十分方便地卖空。

2. 股指期货交易是保证金交易

股票交易是实打实的交易，有多少钱只可以买多少钱的股票。

股指期货合约采用保证金交易，一般只要付出合约面值约10%的资金就可以买卖一张合约，事实上是利用杠杆撬动了10倍以上的资金。这一方面提供了以小博大的机会，提高了赢利的空间，但另一方面风险也增大了。

3. 股指期货采用T+0交易

炒股指期货，当日开新仓后即可于当日平仓。而股票交易是T+1，当日买入只能在第二天以后卖出。

4. 股指期货交易每天要结算

买入股票后，在卖出以前，盈亏都是账面的。

但股指期货不同，每天交易后，要按照结算价对持有在手的合约进行结算，账面赢利可以提走，但账面亏损第二天开盘前必须补足。

5. 股指期货合约有到期日，不能无限期持有

股票买入后可以一直持有，股票数量不会减少。尤其当股票套牢了，可以“八年抗战”，握着雷打不动等着解套。

但股指期货合约都有固定的到期日，到期就要摘牌了。因此，在到期日，不论亏赚，都必须对冲完成交割。

6. 股指期货交易是零和游戏

炒股票，股票上涨了，大家都哈哈笑，理论上可以认为大家都赚钱了。但炒股指期货不同，它是零和游戏，这就意味着，市场里有人赚了多少钱就有人亏了多少钱。

案例1　国债期货：疯狂岁月

150多年前，马克思在《共产党宣言》中开宗明义："一个幽灵，在欧洲游荡。"

今天，沪深300指数期货——这个"幽灵"的脚步一天一天临近了。可以预言：它一样会带来一场革命！

"似曾相识燕归来"，其实，在这之前，中国还有个金融期货品种——国债期货。那是一段让多少人刻骨铭心的日子啊！……

国债期货：从冷冷清清到冲天火爆

国债期货是1992年12月18日，由上海证券交易所推出来的。但当时，仅限于证券商自营买卖，没有向社会公众开放，所以行情长期"疲软"，没什么亮点。

1993年10月25日，国债期货向社会公众开放，同日北京商品交易所（现在已经被撤了）也向社会推出国债期货交易。

记得当时，我最初听说国债期货推出了，就去找在证券公司上班的大学同学。结果他说："交易太少了，没什么搞头。"

我大学同学所在的证券公司，本来有家国债期货交易的跑道，但一见交易量太少了，就把跑道卖给了别人。当然，在后来的日子里，他们肠子都悔青了。——在1994年底至1995年初，股市不景气。许多本来炒股票的人，开始"转战"国债期货。自1994年9月份开始，随着全国各地的多家商品交易所陆续推出国债期货交易，国债期货实现了跨越式的飞速，交易逐渐变得非常活跃，到最后竟是冲天火爆！

在国债期货火爆的日子里，上海证券交易所每日的成交量，远远大于股票的成交量，一般是股票成交量的三倍多，甚至四倍。反过来，由于从股市里抽走了大批资金，对于股票交易来讲，更是雪上加霜，行情冷到"冰点"。

在那段日子里，我在当时的万国证券成都营业部大户室帮人操盘。大户室里的人个个都盯着国债期货，股票似乎都被人遗忘了。

“327”事件背景：可怕的不确定性

从 1995 年 2 月份开始，国债期货市场的注意力就主要集中在了“327”国债上面。

“327”是国债期货合约的代号，对应 1992 年发行 1995 年 6 月到期兑付的 3 年期国库券，该券发行总量是 240 亿元人民币。“327”国债将于 1995 年 6 月交收，该国库券成为当时活跃的炒作题材。

在这里介绍一下当时的经济背景：

1993～1995 年，是中国改革开放以来物价上涨最快的时期，其中以 1994 年最为突出，当年居民消费价格上涨 24.1%。与此相对应的 GDP 名义增长率高达 36.4%，而实际增长率也高达 13.1%。

面对经济增长如此严重过热的局面，政府推出最严厉的货币紧缩政策，在将 1 年期存款利率提升到空前绝后的 10.98% 的同时，以储蓄利息财政贴补的方式将名义存款利率与通货膨胀水平充分挂钩，推出了存款保值贴补，国库券利率也同样保值贴补。

国家是 1994 年 10 月推出保值贴补的，最初公布的保值贴补率为 8%，随后每月不断上升，到 12 月保值贴补率就突破了两位数。受此刺激，“327”国债期货的价格直线上涨，从 1994 年 10 月的 110 多元上涨到 1995 年初的 140 多元，上涨了 20% 多。

“327”国债应该在 1995 年 6 月到期，根据“327”国债的 9.5% 的票面利息加上保值补贴率，每百元债券到期应兑付 132 元。投资“327”国债的收益与当时的银行存款利息和通货膨胀率相比，回报就太低了。

于是有市场传闻，财政部可能要提高保值贴补率，“327”国债到时会以 148 元的面值兑付。但有些人并不这样认为，他们判断保值贴补率不可能再次提高了：一是因为其当时已经很高了，再则当时正狠抓宏观调控，财政部不会再从国库里割肉往外掏出十几个亿来补贴“327”国债。

据说，对于提高保值贴补率，中国管理高层也有不同的意见，所以尽管有各种传闻，但决议还是迟迟没有成文。

具体到当时的“327”国债期货，从 1995 年 2 月初开始，“327”国债期货合约的价格就一直在147.80～148.30元区间波动。

保值贴补率的不确定性，为“327”国债的炒作提供了绝好的想象空间。

伟大的投资家索罗斯说：“我最害怕的东西是不确定性。”

“327”国债事件，为索罗斯的这句名言做了最好的诠释。

1995年2月23日：“最长的一天”

1995年2月23日，传言得到了证实，“327”国债到期将按148.50元兑付！

在“327”国债期货合约的盘面上，多方挟基本面的优势，发动了气势如虹的进攻，先以80万口将价格提高到148.50元，接着又以120万口攻到149.10元，再以100万口改写150元的记录，“327”品种创出151.98元的天价。“327”国债在1分钟内涨了2元，10分钟后涨了3.77元！

当时，我所在的大户室炒“327”国债的几乎都在做多，大家并没有什么确切的消息，只是觉得做多可以赚钱。

大家见多方连出惊心动魄的大手笔，横扫空方，连连惊呼：“过瘾，过瘾！”

后来，大家认为大势已定，都是喜笑颜开，气氛热烈。

而大户室内仅有的一个空头则是面如土色。

但更加让人窒息的事情马上发生了：

下午4时22分，离收市还剩最后8分钟。

空方先以50万口将价位从151.30元打到150元，

接着连续以几个数十万口的量级把价位再打到148元，

最后一笔730万口的巨大卖单把价位封死在147.50元，全场目瞪口呆。

每口面值20 000元人民币的国债，730万口，合人民币1 460亿元。这么大的单子能够一下子抛出来，这明显是抓了当时管理方面的漏洞，进行透支交易的疯狂行为。

空方在这一阵紧锣密鼓的狂轰滥炸之中，共抛出1 056万口卖单，面值达 2 112 亿元，而当时所有的“327”国债总额只有 240 亿元。也就是说，卖空的数额超过了该品种总额的 7.8 倍，去哪儿找这么多的现货啊?

此外，当时国债期货交易大多实行的是 2.5% 的保证金制度，空方主力在最后 8 分钟共砸出 1 056 万口卖单，面值达 2 112 亿元，需要 52.8 亿元的保证金，但很显然，空方当时不可能持有如此巨额的保证金。

这说明，“327”国债期货事件的发生，在交易的规则和制度上本身就存在着极大的漏洞。

当巨大的抛单突然出现在屏幕上，我一下呆住了——刚才看到的这个数字不大，怎么转眼就变那么大了?! 我以为系统出了毛病，或者我的电脑出问题了。

一时间，气氛怪怪的，大家都是疑惑不解。

更有这帮多头“万般滋味在心头”——若 147.50 元是最终的结算价，那么众多的多头将爆仓，就得负债破产!

虽然下面有多空双方的成交记录，但我们还是糊里糊涂地难以置信，许多人觉得这一切似乎都是假的，可那数值就冷冷地摆在那儿……

收市后，大家基本确认了这是真实的成交记录，大户室里“327”国债上的多头一个个垂头丧气心情沉重。

有多头高叫：“这是假的，有问题! 这不符合常识，我要投诉!!”

更有耿直的哥们儿直呼：“不来了，不来了! 都资不抵债了，还来个鬼啊!”

害得证券营业部的经理连连对着走出门的“大户”(现在的破落户们)急呼：“周一要来啊，一定要来啊，你们不能一走了之啊!”

只有一个赢家，就是那个唯一的“327”国债上的空头。

他兴高采烈地说：“今天我请客，去成都最贵的饭店去吃饭!”

在整个酒桌上，唯一的表演嘉宾就是这哥们儿，大家只是看客，见他兴奋不已滔滔不绝，两眼放光地勾画自己的宏图伟业。

据后来的公开信息，当时空方的主力是万国证券，也就是我所在证券营业部的总公司。

空方阵营中的二号主力是辽宁国发(集团)公司(即“辽国发”)，

在事发当天，“辽国发”临阵倒戈，突然空翻多，致使“327”国债合约价格急剧上涨。在“327”国债每涨1元，万国证券就要赔进几亿元的情况下，万国铤而走险，在尾市抛出了令人瞠目结舌的大手笔。

万国的主要对手，是以“中经开”为首的多头机构。

“中经开”全称是中国经济开发信托投资公司，是财政部独资的唯一一家信托投资公司，其资产丰厚、业务量巨大、政策性较强，是相当有背景的一家公司。

“327”事件结果：浮尘谁解拈花笑？

事发当日晚上，上交所召集有关各方紧急磋商，最终权衡利弊，确认空方主力恶意违规，宣布23日16时22分13秒之后的所有“327”品种的交易异常，是无效的。该部分不计入当日结算价、成交量和持仓量的范围。经过此调整，当日国债成交额为5 400亿元，当日327品种的收盘价为违规前最后的一笔交易价格151.30元，多空双方协议平仓。

万国证券成都营业部大户室的多头又乐呵呵地出现在了大户室，而我们大户室那位做空的哥们从此消失了。

“327”国债事件后，万国证券公司一下子亏了13个亿，肯定是经营不下去了。在有关方面的协调下，政府成功地平息了万国证券的挤兑风波。

1996年7月，万国证券公司不得不与它当年最强劲的竞争对手申银证券公司合并，组成了现在的申银万国证券股份有限公司。

说起万国证券公司，当年真是赫赫有名。万国证券公司成立于1988年，是上海第一家证券公司，它起步时只有3 500万元资本金，在短短的几年时间内，就发展成资产规模数十亿元的综合性证券公司，在它辉煌的时候，它的一级市场承销业务占到了全国总份额的60%，二级市场经纪业务占到全国总份额的40%。

万国证券公司的创始人，它的总裁管金生，当年被誉为“中国证券教父”。

1995年4月，管金生辞职。

1995年5月19日，管金生被捕。

1997年，上海第一中级人民法院判处管金生17年徒刑，罪名是受贿等。

“中经开”是“327”国债事件的大赢家。

“中经开”是我国股市的著名庄家，它以凶悍的风格闻名，在中国股市曾制造了众多的牛股，如1999年的东方电子（000682）等。

但就是这样的一家公司，由于严重违规经营，中国人民银行于2002年6月7日撤销了该公司。

2003年底，“中经开”总经理涉嫌操纵证券交易价格，受到了审判。

我曾写过一首诗，以纪念那个“神话”般的日子：纸上富贵多翻空，黄鹤一去何匆匆！浮尘谁解拈花笑？人生常恨水长东……

国债期货的夭折：“其兴也勃也，其亡也忽也”

“327”国债异常交易的第二天，上交所针对异常交易，发布了《关于加强国债期货交易监管工作的紧急通知》，出台了几项应急、应对措施，防止类似“327”国债事件那样的透支交易行为，降低金融风险。

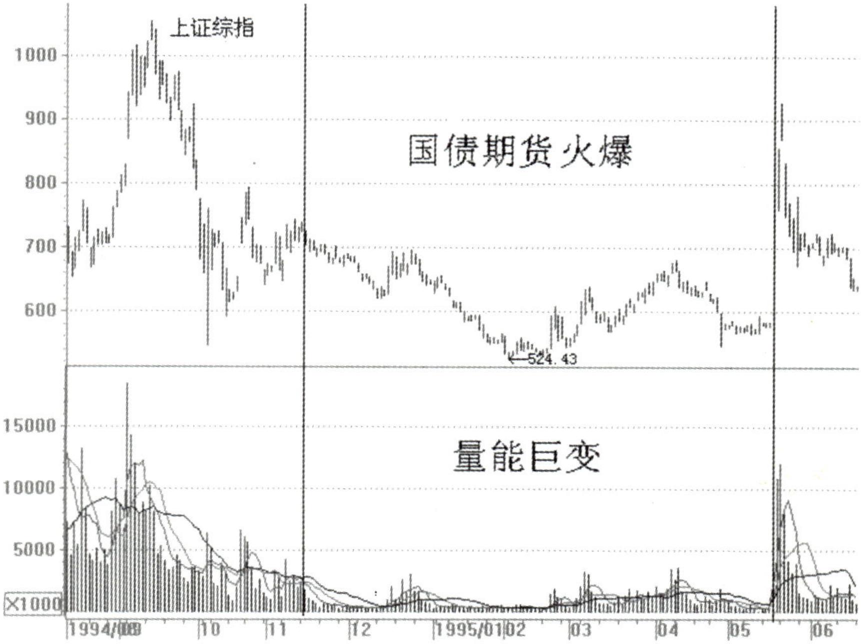

但“头痛医头脚痛医脚”是解决不了根本问题的，在“327”国债事件后，国债期货市场违规交易的事情还是屡有发生。

1995年5月17日，中国证监会鉴于中国当时不具备开展国债期货交易的基本条件，发出《关于暂停全国范围内国债期货交易试点的紧急通知》，中国第一个金融期货品种宣告夭折。

受停止国债期货交易的消息的影响，股市出现了井喷行情。从5月18日至22日，三个交易日内，大盘涨了几乎近一倍。

但又是好景不长，5月22日收市后，国务院证券委员会宣布，1995年的股票发行规模将在第二季度下达。

受股市扩容消息的影响，5月23日，上海大盘大跌近150点，跌幅达16.39%，一波行情转眼间就结束了。

光阴荏苒，蓦然回首：国债期货交易的好景并不长，也就是半年左右的时间。真是“其兴也勃也，其亡也忽也”……

第三章　股指期货的价格

对股指期货价格的判断，是投资者作出买入或卖出股指期货合约决策的重要依据。

实际上，股指期货的价格可以看作是一种证券的价格，而这种证券就是由沪深300 指数所涵盖的300 种股票所构成的投资组合。

如同股票价格指数一样，股指期货的价格是在不断变化的。由于在股指期货合约的定价上，存在许多不确定因素，因此，同其他金融工具的定价一样，股指期货合约的定价在不同的条件下也会出现较大的差异。

第一节　股指期货的理论价格

投资者对股票进行价值投资，先要对股票的理论价格进行研究，进而与股票的实际价格对比分析，作出高估与低估的判断，然后才会作出卖出或买入的决策。

同股票的投资一样，对股指期货的理论价格的研判，是投资者进行买卖决策的重要依据。

一、股指期货的理论定价原理

关于股指期货的定价，有一个基本原则，即由于市场套利活动的存在，期货的真实价格应该与理论价格保持一致（至少在趋势上是这样的），否则就有套利的可能。

股指期货的理论定价利用的是无风险套利原理，也就是说股指期货的价格应当消除无风险套利的机会，否则就会有人进行套利。

股指期货的理论价格也是进行套利交易的基础。当股指期货的真实价格与理论价格出现了偏离，存在套利的可能时，就会有套利盘出现。而由于套利交易的涌现，又会修正股指期货的真实价格，使其接近理论价格，并回归到正常的无套利区间。

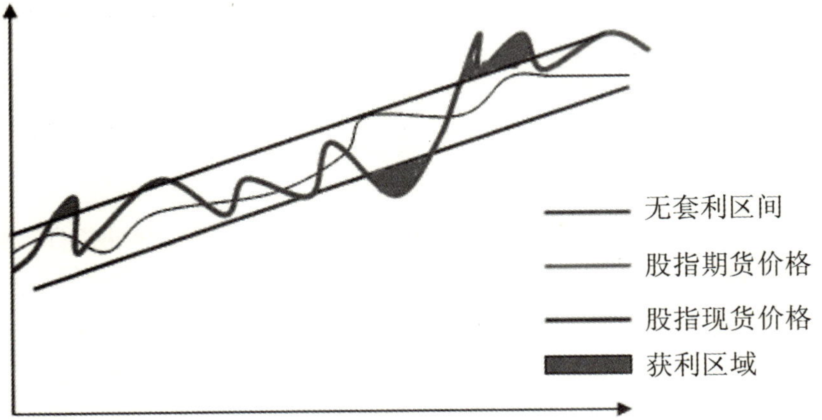

以上为股指期货定价的基本原理的一个简单图表。

据以上的图表，可以看出，正常的股指期货合约的价格应该是在围绕股票指数现货价格的一个无套利区间运行。当股指期货合约的价格落到区间以外时，就会引发套利。

二、股指期货的理论价格

根据理论，股指期货合约的理论价格可以用以下公式表示：

$$F(t;T)=s(t)+s(t)\times(r-d)\times(T-t)/365$$

其中：

t 表示 t 时刻

T 为交割时间

F（t；T）为在 T 时间交割的期货合约在 t 时刻的价格

s（t）为 t 时刻的现货指数

r 为融资年利率

d 为年股息率

可见，股指期货价格与现货指数、融资年利率、年股息率和距离到期交割日的时间长短有关。

但在现实交易中，成分股分红不规律、融资成本不一以及现货指数的波动等，造成了股指期货合约的理论价格很难准确定价。

如：股息收益率在实际市场上是很难得到的，因为不同的公司、不同的市场在股息政策上（如发放股息的时机、方式等）都会不同，并且股票指数中的每只股票发放股利的数量和时间也是不确定的，这必然影响到正确判定股指期货合约的理论价格。

第二节　股指期货价格的运行轨迹

由于在交割日，股指期货合约的最终结算价是以现货价格为依据的，因此，股指期货合约的价格（即实际价格）与现货价格密切相关。

下面以投资者比较熟悉的权证为例，来说明二者的关系。

但请注意，由于权证是先买后卖的单向交易，这与股指期货的可以自由买进卖出的双向交易不同，因此在具体的操作上二者有着极大的区别，所以切不可简单地套用权证的交易方式到股指期货的操作上。

股指期货价格的大致运行轨迹如下：

轨迹一，股指期货价格与理论价格和现货价格的偏离

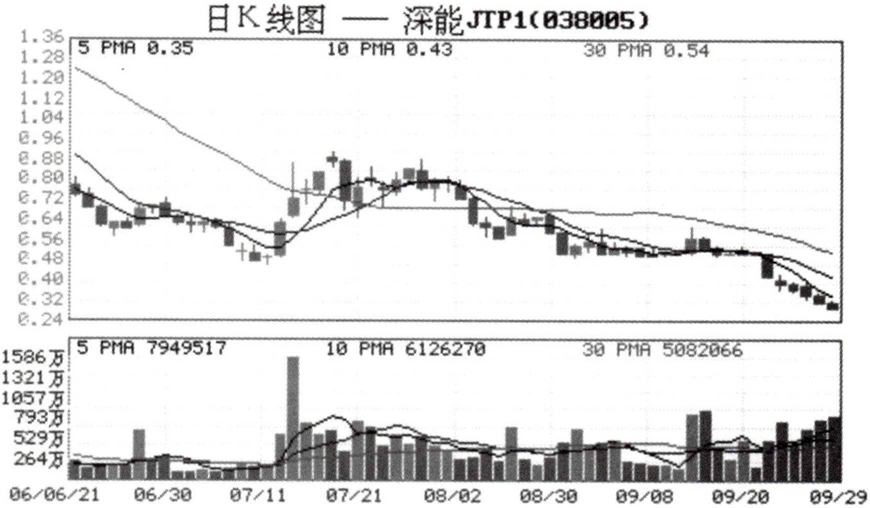

上图为深能源（000027）发行的认沽权证深能 JTP1 的日 K 线图。

2006 年 8 月 29 日，深能源的认沽权证的收盘价为 0.677 元，深能源的收盘价为 6.90 元，当时深能 JTP1 的最新行权价格为 6.692 元。

根据国际通用的计算权证理论价值的布莱克·斯科尔斯（Black –

Scholes）模型，参照派息实施后深能 JTP1 和深能源的参考价格和深能 JTP1 新的行权价格，按照 2.52% 的无风险收益率，深能源股价 32.58% 的波动率计算，行权价格调整后深能 JTP1 目前的理论价值为 0.249 元。

当时，深能认沽权证的实际价格 0.677 元和理论价格 0.249 元相差高达 0.677 - 0.249 = 0.428 元。

与权证相类似，实际上，由于存在各种不确定因素，股指期货合约的实际价格与理论价格也会存在一定的偏差。但与某只权证或股票经常受大资金操控出现的大起大落相比较而言，股指期货具有不易被操纵的特点，同时由于套利盘的存在，因此，股指期货实际价格与理论价格的偏差相比较而言就要小得多。例如，美国 S&P500 指数期货的价格，通常位于其理论值的上下 0.5% 幅度内。

由于股指期货的理论价格与现货价格密切相关，因此，股指期货价格与现货指数价格同样密不可分。虽然股指期货价格和现货价格间相互关联，但毕竟是两种不同的价格，二者之间肯定也会有一定的偏离。

轨迹二，股指期货价格逐渐向现货价格靠扰

下图为已经到期摘牌的宝钢认购权证的日 K 线图。在行权期比较遥远的时候，宝钢认购权证的价位曾经高高在上达 2 元以上，但在行权期日渐逼近的情况下，宝钢认购权证终于一路下行，向自身的内在的合理价值

日K线图 —— 宝钢JTB1(580000)

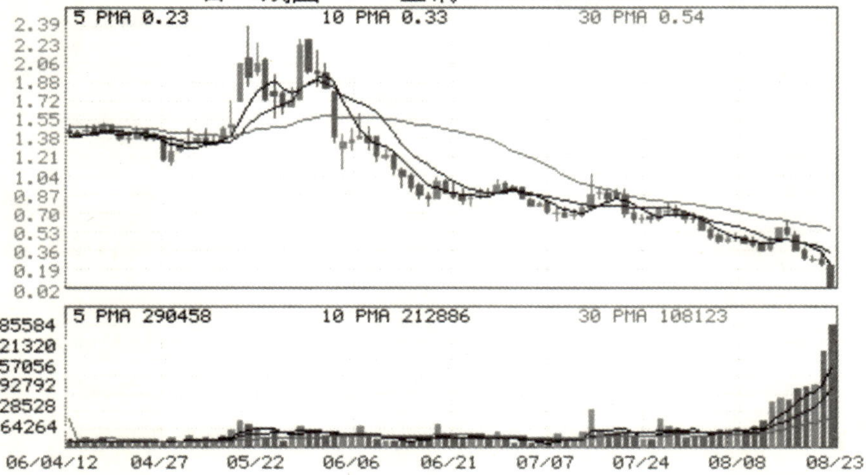

回归。

股指期货价格（特别是交割月份较远的期货合约的价格）也有个随着时间的推移向现货指数价格逐渐靠扰的过程。造成这种回归的主要因素，是期货独特的交割机制。

在股指期货合约到期后，不论亏与赚，股指期货合约必须如期交割，这就如同权证的行权一样。

而股指期货合约的交割价，是按当时的现货股票指数的价格来计算的。

轨迹三，股指期货合约的最终结算价与现货价格非常相近

日K线图 —— 万科HRP1(038002)

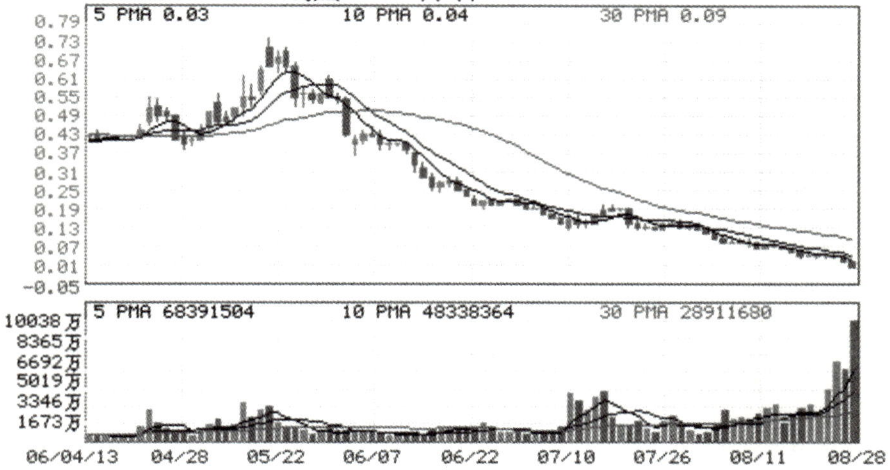

上图为万科认沽权证的日 K 线图，该权证的价格曾经高达 0.70 元以上。

但随着行权日的临近，丑媳妇总是要见公婆的，同其他权证品种一样，早已一文不值的万科认沽权证也走上了向它自身真实价值的回归路，一路下跌。

2006 年 8 月 28 日，万科认沽权证狂跌 95%，以 1 厘钱的报价，结束了它的最后一个交易日。1 厘钱是万科认沽权证能达到的最低报价，也是其最真实的价值体现。

同权证类似，在最后结算日，沪深300股指期货合约的最后结算价肯定要与结算日当天沪深300指数的收盘价基本上一致的。

根据规定，沪深300指数期货的最后结算价，是最后交易日沪深300指数最后两小时所有指数点的算术平均价。请注意，之所以不按沪深300指数的收盘价作为最终结算价，是出于对大资金对最终结算价的操纵的担心。

有时候，出于对最终结算价的定价的争夺，会出现结算日行情。所谓的“结算日行情”指的是，在股指期货合约交割日那天，现货市场或期货市场的价格波动会比较大，出现了现货价格向期货价格靠拢或期货价格向现货价格靠拢的走势。

第三节　股指期货与现货指数

对于一般的投资者来讲，分析判断股指期货合约的价格走势，主要依靠对现货指数趋势的判断，因此，有必要深入理解二者之间的关系。

一、股指期货的合约价格与现货指数高度相关

无论从股指期货和现货指数本身相关性，还是从二者每日的涨跌幅度的比较来看，世界各国和地区主要股指期货（特别是当月到期的股指期货合约）和现货指数的相关性是非常高的。根据历史研究表明，从走势图来看，世界各国和地区主要股指期货的价格基本上是围绕现货指数上下波动的。

如：

2006年10月6日，恒生指数收报于17 903.39点，而当天各恒生指数期货合约分别报于：

恒生指数期货十月	17 923
恒生指数期货十一月	17 923
恒生指数期货十二月	17 970
恒生指数期货三月	18 070

注：恒指期货合约的最低价格波幅为1指数点，因此合约报价全部为

整数。

从以上表格可以看出，交割月份较近的恒生指数期货的价格与恒生指数现货的价格非常接近，波幅并不大；只有交割月份为2007年3月的交割月份较远的三月恒生股指期货合约，由于不确定因素多，才有比较大的波动。

现货价格与期货价格存在着两种基本关系。在正常情况下，期货价格高于现货价格（或者近期月份合约价格低于远期合约价格），称为正向市场；在特殊市场情况下，现货价格高于期货价格（或者近期月份合约价格高于远期月份合约价格），称为反向市场。

指数的现货价格与股指期货合约价格之间的价差，称之为基差。基差=现货价格-期货价格。当股指期货合约价格大于现货价格时，称之为“升水”，反之，则称之为“贴水”。

正向市场时，价差为负，表现为远月升水，反向市场时，价差为正，表现为近月升水。

由于中国股市的波动性明显大过香港股市，所以有可能在最终结算日之前，沪深300指数期货和现货（沪深300指数）之间，有很大的基差，升贴水情况会比较明显。

二、股指期货比现货指数具有更大的波动性

大部分研究认为，股指期货波动性要比现货指数大，并认为是由以下几点原因造成的：

第一，股指期货价格可对新的市场信息作出迅速反映，而股票现货指数价格则因交易方式的不同（如股指期货可以双向交易，而股票大多是先买后卖的单向交易），对新市场信息的反映有一定滞后性；

第二，股票现货市场具有较高的交易成本，对某些市场影响较小的新信息，股指期货市场作出了反映，而股票现货市场不作出反映；

第三，由于股票指数新价格由许多股票新的交易价格加权平均形成，这种价格形式具有“平滑”股票指数的作用，而股指期货的新价格是由多空双方的一笔交易决定的，因而表现出更大的波动性；

第四，股指期货价格的波动性会受到交割日来临、违约风险等因素的制约，所以虽然在短期内会有较大的波动，但最终会反向恢复到理性的价

格范围内，因此这也造成了股指期货的双向波动。

总的来看，在市场大幅波动时，股指期货波动性会短暂性地大于现货市场，但由于套利的强大力量，将使股指期货的波动性很快与现货指数趋于一致。

三、股指期货的价格发现功能

股指期货的价格与现货指数不同，它反映的是将来某一时期的现货价格指数。因此，股指期货市场对现货股票市场具有价格发现功能。

价格发现，是指利用股指期货市场公开竞价交易的特点，通过人数众多的、各种各样的投资者的参与，形成一个对将来市场预期的、反映市场供求关系的市场价格。

由于股指期货市场的价格是对股票市场未来走势作出的预期反应，对于做股票现货的投资者，可用股指期货的行情趋势，来评估现货市场未来的走势，进行股票现货交易的决策，优化自己的交易效益。

如上面提到的例子：

2006 年 10 月 6 日，恒生指数收报于 17 903.39 点，而当天各恒生指数期货合约分别报于：

恒生指数期货十月	17 923
恒生指数期货十一月	17 923
恒生指数期货十二月	17 970
恒生指数期货三月	18 070

根据对不同月份的股指期货的合约报价与现货价格比较，可以发现，市场的主流是看多恒生指数的走势的。根据这一判断，投资者就可以对自己今后的股票（尤其是成分股）交易作出一个方向性的大多数情况下看涨的选择。

股指期货对现货指数发生影响，依赖于股指期货市场具有的市场深度和广度，即股指期货市场必须具备一定的市场规模和流动性。可以说，股指期货市场的规模和流动性决定了其影响的强弱，而衡量规模和流动性的一个重要指标是成交量。

由于各个市场的差异很大，由此也造成了各市场股指期货对现货指数影响的强弱的很大差异。

1．强势市场，股指期货领先股票现货价格走势，对股价指数具有领涨领跌作用。

由于价格发现功能和市场普遍存在的理性预期，在一个强势市场，股指期货领先股票现货价格指数走势，股指期货将具有明显的领涨领跌作用。当市场预期股票价格指数将上涨时，股指期货会领先并带动股票现货价格指数上涨，反之，股指期货会领先并带动股票现货价格指数下跌。

例如：2005 年 10 月 19 日，香港股市低开 162 点后，受股指期货急跌拖累，持续走低，全日收报 14 372 点，下跌 224 点，创下近三个月以来的新低；当天，即月期货指数全日收报 14 321 点，大跌 257 点，低水 52 点（股指期货比现货指数低 52 点）。

2．弱势市场，股价指数领先股指期货价格走势，股指期货起到被动的助涨助跌作用。

如果一个股指期货市场的市场规模较小，流动性较差，其股指期货的价格发现功能必然较弱，此时股价指数领先股指期货价格走势，股指期货只能起到被动的助涨助跌作用。

此外，在西方证券市场，包括香港证券市场，各国股票指数走势大多以美国道·琼斯指数马首是瞻，这使当地的股指期货价格发现功能减弱。

四、股指期货与现货指数的相互影响

许多情况下，股指期货与现货指数是相互影响，齐涨共跌的。由于股指期货的价格发现功能，有时候，股指期货是助涨助跌现货指数的。以下便是著名的一个例子：

1987 年 10 月 19 日，美国华尔街股市单日暴跌近 25%，这就是著名的“黑色星期五”事件，引发了全球股市重挫的金融风暴。

对于造成恐慌性抛压的原因，事过近 20 年后，至今仍众说纷纭。

股指期货一度被认为是“元凶”之一，有人指责，是机构在股指期货上的大肆做空，最终影响股票指数出现了崩盘性的大跌。

著名的美国布兰迪报告（The Brady Report）指出，存在程序交易（Program Trading，注）造成的瀑布效应（Cascade Effect）。即，由于股市下跌，为回避风险，持有股票的投资者卖出股指期货，随之股指期货的卖压又使股指期货合约的价格低于其理论价格，计算机程序认为有套利机会，进而买进股指期货同时卖出股票，又致使股市再度下跌，继而又触发了回避风险的投资者在股指期货上的卖压，如此恶性循环，终于使股市大跌。

虽然布兰迪报告并没有确定，股指期货交易是唯一引发恐慌性抛盘的原因，另外，虽然“黑色星期五”事件之后，更多的研究报告指出，股指期货交易并未明显增加股票市场价格的波动性，但无论如何，这次股灾之后，股指期货的发展进入了停滞期却是不争的现实。

为了防范类似的股灾再次发生，各证券交易所和期货交易所均采取了多项限制措施。

如：纽约证券交易所规定，当道·琼斯 30 种工业股票指数涨跌 50 点以上时，即限制程序交易的正常进行；期货交易所则制定出股指期货合约的涨跌停盘限制，借以冷却市场发生异常时过度的恐慌或热情。

各项防范性措施的出台，为股指期货的再度繁荣奠定了基础。

注：程序交易是在计算机和网络技术的支持下，当达到预先设置的组合交易指令的条件时，电脑瞬间完成交易的一种交易方式。

五、股指期货不会改变股指原来的长期运行趋势

近年来，西方经济学者对股指期货对现货指数的波动性影响进行了大量实证研究，其中数十位学者曾对多个国家和地区股指期货引入前后对应股票指数的波动性进行比较研究。在 48 组研究结果中，有 29 组表明股指期货的存在不增加股票指数的波动性，有 9 组表明股指期货减少了现货指数的波动性，有 2 组表明股指期货在某些特定情况下增加了现货指数的波动性，有 8 组表明股指期货增加了现货指数的波动性。

总的来讲，虽然股指期货对现货股指有引导作用，但从海外成熟市场以及其他新兴市场的情况来看，股指期货不会改变股指原来的长期运行趋势，虽然短期会造成一定程度的波动。

第四章　股指期货投资的三种方式

——套期保值、套利和投机

根据交易者交易目的的不同，将股指期货的交易行为分为三类：套期保值、套利和投机。

第一节　套期保值

同期货一样，股指期货的出现，主要是作为回避风险的需要，股指期货的套期保值功能，就满足了这一需求。

一、认识套期保值

套期保值，是指投资者买进或者卖出与现货数量相等但交易方向相反的期货合约，以期在未来某一时间通过卖出或买进期货合约，从而补偿因现货市场价格波动带来的实际损失。

股指期货之所以能够套期保值，其基本原理在于：

基本上，股票价格与股票指数和股指期货合约的价格波动趋于一致，因此，只要在股票和股指期货上建立价值相等，方向相反的头寸，基本上，不论股票价格如何变动，两种头寸将盈亏大致相抵，投资者能很好地规避风险。

股指期货的这种套期保值功能，丰富了股票市场参与者的投资工具，减轻了集中性抛售对股票市场造成的恐慌性影响，对平均股价水平的剧烈波动起到缓冲作用。

二、套期保值的操作

套期保值的操作，遵循以下原则：

1. 交易方向相反

在国内，即便是融券业务开通后，由于在股票上的卖空受到多种因素的限制，因此，在股票上赚钱，基本上也还是以做多为主。在沪深300指数期货上的套期保值大多就是在做多股票的同时，卖出股指期货。

2. 商品数量相等

在利用沪深300股指期货对股票进行套期保值的过程中，两者的交易对象是不一致的。但它们之间存在某种联系，这就需要引入β系数，即股票和沪深300指数之间相关系数的概念。经过计算，最终的股指期货的合约数量与股票价值要相同。

3. 月份相同或相近

套期保值大多是做在股票上买入在股指期货上卖出的对冲交易，为保证二者的价格变化相同或大致相同，在做套期保值的时候，卖出股指期货合约的月份与预期持有股票的时间要相同或相近。

三、套期保值的风险

正常情况下，如果测算精准并且没有意外发生的话，最终，套期保值并不带来过多的赢利或亏损，基本上是在股票上的收益与在股指期货上的盈亏合算下来大致保本。

但事实上，如果大盘大跌，手里的股票不跌甚至逆市上涨，则做了套期保值就是错失了赢利的机会。

因此，套期保值也存在以下风险：

1. 套期保值者在回避价格波动风险的同时，也放弃了当价格出现对自己有利的情况下，获取更大利润的机会。

2. 套期保值者在进行套期保值时，可以避免现货市场上价格变动这一风险，但要承担现货市场价格与期货市场价格变化幅度不一致的风险。幅度的不一致，有可能造成在股指期货上的收益与股票上的盈亏的巨大差额，造成亏损（当然也有可能取得意外的赢利）。

四、套期保值的应用

对中小股民来讲，最好的套期保值就是卖出股票空仓，因为做套期保值的主要目的是保本，反正套期保值的结果并不带来过多的赢利或亏损，则空仓便是既简单又省心的操作了。

但对大资金来讲，由于进出不便，大量卖出会压低股价，而要再买入则会抬高股价，交易是有成本的，因此，在看不准市场趋势的情况下，为了保本及避免在交易上的成本损失，是会采用股指期货进行套期保值的。

尤其是，大资金更多情况下运作的是一组股票的投资组合，这样的话，因为绝大多数股票随大盘波动的可能性就更大，做套期保值的风险就更小。

因此，套期保值给大资金的运作提供了一个良好的避险工具。

五、两种套期保值

股指期货的套期保值可以分为买入套保和卖出套保两种。

买入套保是指，融券抛空股票者担心未来价格上涨，买入股指期货合约做多的交易；

卖出套保是指，股票多头持有者，担心未来股价下跌，而在股指期货上做空的交易行为。

1. 买入套期保值

当融券抛出股票，并进行了买入沪深300指数期货合约，进行套期保值后，当股指上涨后，在股指期货上的赢利，可以冲抵在股票上的损失，此时可以在股票市场上再买回股票；

当出现意外，股指下跌，在股指期货上出现了亏损时，融券抛空股票者可以在低位再买回股票。

总之，在股票市场上的收益和股指期货上的盈亏，二者基本持平，可以回避风险。

2. 卖出套期保值

下面我们再以个例子来对卖出套期保值加以说明。

假设，某机构拥有一组股票的投资组合，鉴于对后市的判断不明朗，下跌的可能性很大，决定利用沪深300指数期货进行套期保值。

假定在8月28日，其持有的这一组股票投资组合的市值为1000万元，经过测算，该股票组合与沪深300指数的β系数为1.3。同日，12月份到期的沪深300指数期货合约价格为1300点，合约乘数为300元。

进行卖出套期保值，卖出股指期货合约数量的计算公式为：

股指期货合约数量 = 现货总价值/（股指期货指数点 × 每点乘数）× β系数

则，该机构卖出沪深 300 指数期货合约的数量为：10 000 000/（1 300 × 300）×1. 3≈33. 33 张，即 33 张合约。

12 月 1 日，沪深 300 指数期货的 12 月份合约跌到 1 100 点，跌了约 15. 38%，同时该机构的股票投资组合价格跌了 15. 38% ×1. 3% ≈20%。

这时候，该投资者对卖出的 33 张股指期货合约平仓，赢利为（1 300 - 1 100）× 300 × 33 = 1 980 000 元；同时股票亏损 10 000 000 × 20% = 2 000 000 元，两者相抵赢利 2 000 000 - 1 980 000 = 2 000 元。

如果到了 12 月 1 日，沪深 300 指数期货的 12 月份合约涨 5%，到 1 365 点，这时该股票组合上涨 5% ×1. 6 = 8%。

这时候，该机构对卖出的 33 张股指期货合约平仓，亏损为（1 365 - 1 300）×300 ×33 = 643 500 元；同时，股票赢利 10 000 000 ×8% = 800 000 元，两者相抵还小盈 800 000 - 643 500 = 156 500 元。

从上面的例子可以看出，当做了卖出套期保值以后，无论股票价格如何变动，投资者最终的收益基本保持不变，实现了规避风险的目的。

该套期保值策略性可看作是“锁仓”行为，将股票组合面临的系统风险暂时锁定，在系统风险释放后“解锁”。

六、β 系数

β 系数是一个非常有用的数字，在套期保值及套利交易的测算中都发挥了重要作用。

机构投资者在进行套期保值时，为了对冲某股票组合的风险，需要通过计算持有现货股票头寸的 β 系数。进而确定套期保值所需的期货合约的规模。进行套期保值，对于 β 系数的确定是关键点之一。

β 系数是一种测定证券的收益率对证券市场平均收益率变化的敏感程度的指标。证券 i 的 β 系数 βi 被定义为：

βi = σiM/σ^2M

其中，σiM 表示证券 i 与市场组合 M 之间的协方差，σ^2 表示市场组合 M 的方差。

具体到操作方面，不仅是组合可以运用 β 系数进行套期保值，持有的各类股票都可以通过 β 系数进行相应的套期保值。

某种股票的 β 系数较大，说明该股票在证券市场发生变化时，其价格上下波动剧烈，也就是通常所说的风险较大。

如果投资者对收益有较高的期望，同时也有能力并愿意为之承担较大的风险，就可以在证券市场上选择那些有较大 β 系数的证券加到其证券组合中。反之则可以选择市场上具有较小 β 系数的证券。

β 大于 1 的证券称为进取型证券。在牛市时，这样的证券价格上升速度比整个市场价格上升更快，而在熊市时，比整个市场的价格下降也更迅速。

当 $\beta = 1$ 时，该股票组合的收益反映了市场的收益。

β 小于 1 的证券称为保守型证券。

值得注意的是，因为 β 系数的误差，在实际操作中会有一定程度的偏差，需要进行修正。

β 系数是根据历史资料计算得到的，计算的数据越多越详细，得到的数值可靠性更高，股票组合的 β 系数比单个股票的 β 系数可靠性更高。

第二节 套 利

股指期货套利是投资者经常采用的一种赢利模式。虽然相比较投机而言，每次套利的收益率并不高，但由于具有风险极小的特点，它受到了投资者（特别是机构投资者）的青睐。

一、认识套利

套利是利用两个相关市场或商品的差异来获利的活动。

股指期货套利的原理是，在市场价格关系处于不正常状态下，进行双边等量的对冲交易，以期将来平仓，获取低风险差价的过程。

在进行套利时，交易者注意的是两个市场或两个商品之间的相互价格关系，而不是绝对价格水平。

股指期货套利交易对于恢复扭曲的市场价格关系、抑制过度投机和增强市场流动性都有着重要的作用。

二、套利的分类

股指期货套利交易根据涉及的市场不同，可分为两大类：

一类是股指期货同现货股票组合之间的套利，叫期现套利；

另一类是不同期限、不同（但相近）类别股指期货合约之间的套利，可分为跨期套利、跨市套利和跨品种套利。

跨期套利是指投资者以赚取差价为目的，在同一期货品种的不同合约月份建立数量相等、方向相反的交易部位，并以对冲或交割方式结束交易的一种操作方式。

跨市套利是在不同交易所之间的套利交易行为。当同一期货商品合约在两个或更多的交易所进行交易时，由于区域间的地理差别，各商品合约间存在一定的价差关系。比如，在国外，利用日经225股指期货合约在大阪证券交易所（OSE）和新加坡交易所（SGX）同时交易的特点，在这两个市场间进行套利及对冲的投资者就相当踊跃。

跨品种套利指的是利用两种不同的但相关联品种之间的价差进行交易。由于某两个品种之间具有相互替代性或受同一供求因素制约，根据两种交易品种之间的价差发展趋势，交易者可以同时买进和卖出相同交割月份但不同种类的期货合约，从而赚取差价。在目前国内，大豆/豆粕套利交易是比较流行的一种跨品种套利交易，在计算出大豆/豆粕之间的正常价差关系后，投机者就可以利用出现的异常价差的机会进行套利交易。

沪深300指数期货上市之初，按照目前的市场环境，将主要以期现套利和跨期套利为主要的套利方式。

三、套利的操作

套利的操作，遵循以下原则：

1. 交易方向相反

为了将交易的风险降低，进行套利需要同时进行交易方向相反的买入和卖出操作。

2. 商品数量相等

进行套利，需要同时进行交易数量相等的买入和卖出操作。否则，就演变成了投机，增加了交易的风险。

3. 持有时间相同或相近

为了保证套利的风险降到最低，持有的双边头寸的时间应保持一致，以保持双向的变化基本同步同幅，否则套利也会演变为投机。

总之，股指期货的套利进行的是追求蝇头小利的交易，严格控制交易风险是其首先要考虑的。

四、期现套利

根据沪深 300 指数期货交易规则，股指期货合约交易在交割时采用现货指数，这就强制股指期货合约的价格最终要收敛于现货指数。因此，在正常交易期间，股指期货和现货指数应该维持一种合理的动态关系。

但在各种因素作用下，股指期货合约的价格起伏不定，常常与现货指数产生偏离，当这种偏离超出一定范围时，就产生了套利机会。

投资者可以同时买入被低估的一方，卖出被高估的一方，并在股指期货回到均衡价格时进行反向交易，从中套取利润。

股指期货的期现套利交易的存在使得股指期货与现货指数之间必须保持一定的合理价格关系。当二者出现偏离时，通过套利者的套利活动与市场的均衡调整，股指期货合约的价格与现货指数又会逐步恢复到合理的动态范围之内。因此，股指期货的期现套利可以看作是一种价格修正机制。

考虑到交易的成本，当沪深 300 指数期货价格超过该公式给定的合理价值，买入沪深 300 指数的成分股或指数基金，同时卖空期货合约；如果沪深 300 指数期货价格低于其合理价值时，则反方向操作。

1. 期现套利的基本步骤

（1）计算股指期货合约的理论价格

在第三章，我们提过，股指期货合约的理论价格可以用以下公式表示：

$$F(t;T) = s(t) + s(t) \times (r - d) \times (T - t)/365$$

其中：

t 表示 t 时刻

T 为交割时间

F（t；T）为在 T 时间交割的期货合约在 t 时刻的价格

s（t）为 t 时刻的现货指数

r 为融资年利率

d 为年股息率

现举例如下：

据称，目前，A 股市场公司分红的年股息率 d 在 2.6% 左右，假设融资年利率 r 为 6%，8 月 7 日现货沪深 300 指数为 1200 点，那以 10 月 7 日交割的股指期货合约的理论价格为：1200 + 1200 ×（6% – 2.6%）× 61/365 = 1206.8 点。

（2）计算股指期货合约的套利区间

在实际的市场环境中，借贷利率、交易成本和冲击成本等因素是影响套利区间计算的主要因素。

接上面的例子：

假设投资者要求的回报率与市场融资利差为 1%，则折算成指数点为 1206.8 × 1% × 61/365 = 2 点；

股指期货合约的双边交易手续费为 30 元 × 2 = 60 元（相当于 0.2 个指数点），市场冲击成本为 0.2 个指数点；

股票交易双边手续费及市场冲击成本为 1%，折算成指数点为：1206.8 × 1% = 12 点。

合计：2 + 0.2 + 0.2 + 12 = 14.4 点。

前面已经求得 10 月 7 日股指期货合约的理论价格为 1206.8 点，那么：套利区间上界为 1206.8 + 14.4 = 1221.2 点，套利区间下界为 1206.8 – 14.4 = 1192.4 点，则无套利区间为［1192.4，1221.2］。

注：根据沪深 300 指数期货的交易规则，合约乘数为 300 元/点，最小变动点位为 0.1 点。则在以上计算中，合约的价格精确到小数点后一位。

（3）确定是否存在套利机会

也就是说，当沪深 300 指数期货在 1221.2 点以上时，进行正向套利，或者在 1192.4 点以下时，进行反向套利，才会赢利。并且，股指期货合约涨得越高，正向套利赢利空间越大或越安全；跌得越低，反向套利赢利空间越大或越安全。

当股指期货价格高于理论价格时，卖出期货、买入现货（与指数对应的股票组合或该指数对应的指数基金），在出现有利的情况下，将股指期货头寸与现货头寸同时平仓了结，即为正向套利；当股指期货价格低于理论价格时，买入股指期货并卖出现货，在出现的有利情况下，同时了结股指期货与现货头寸，即为反向套利。

在现实的市场环境中，因股票市场卖空机制受到诸多条件限制，因此在股指期货上的反向套利策略受到了极大的限制，期现套利机会多局限于正向套利。

（4）确定交易规模，同时进行反向的股指期货合约与股票（或指数基金）交易

2．指数基金

一般而言，在做期现套利交易时，投资者不会真的直接购进大量的蓝筹股票进行投资组合。若是那样做了，不但动用的资金大，买卖正股的冲击成本也大，而且由于复制误差高，实际效果是不够理想的。

于是，市场上的跟踪指数的基金产品，就成了股票现货的替代品，成为指数复制的有效途径，成为期现套利的选择。

目前，跟踪沪深300指数的指数基金有两只，分别是大成基金管理公司推出的大成300指数基金（大成300，160906）和嘉实基金管理推出的嘉实300指数基金（嘉实300，160706），这二者是股指期货推出后可选择的现货品种。

大成300和嘉实300以沪深300指数为跟踪标的，主要投资于标的指数成分股、备选成分股等，进行被动化的指数化长期投资，力求获得该指数所代表的中国证券市场的平均收益率，为投资者提供了投资沪深300指数的有效投资工具。因此，在某种程度上，购买一份大成300或嘉实300，就相当于拥有了一份沪深300指数对应的股票组合。

大成300和嘉实300都是指数型LOF。LOF（Listed Open - Ended Fund），即上市型开放式基金，也就是上市型开放式基金发行结束后，投资者既可以在指定网点申购与赎回基金份额，也可以在交易所买卖该基金。

LOF基金可同时在一、二级市场交易的特点，造成了一、二级市场间的套利机会。

目前，在国内市场，这种在一、二级市场对基金进行套利的交易行为是存在的，并且有的还收获颇丰。不过，投资者如果是在指定网点申购的基金份额，想在网上抛出，须办理一定的转托管手续；同样，如果是在交

易所网上买进的基金份额，想要在指定网点赎回，也要办理一定的转托管手续。

但就目前的现实情况而言，现有的大成300和嘉实300却存在一些问题。主要有两点：

1. 相关性差

以嘉实300为例，虽然其主要通过控制基金与标的指数（沪深300指数）的跟踪误差实现对沪深300指数的有效跟踪，但计算2006年2月21日到2006年8月29日的有关数据却发现，两者间的相关系数为0.7922（1为完全正相关），实难称完美。

2. 流动性差

截止到2006年6月30日，嘉实300基金总份额仅有约2.77亿份，而大成300基金也仅有约9.67亿份，以这样的规模来应对股指期货推出后大量的套利需求，流动性明显不足。

但据认为，股指期货的推出，有可能提高上述两种指数基金的流动性及相关性，不过这还有待于观察。

此外，与沪深300高度相关的ETF，也有可能成为期现套利的首选，极大提高这类基金的流动性。

五、跨期套利

目前，沪深300指数期货同时挂牌四个月份合约，分别是当月、下月及随后的两个季月月份合约。

一般情况下，对于同一种沪深300指数期货，不同到期日的合约之间的价差将稳定在一定的合理区间内。

当这种正常价格差距出现异常变化时，如价差高于区间上限或者低于区间下限时，投资者将会预期价差逐渐回归正常水平，根据价差发展趋势，投资者制定相应的多头空头策略，在同一期货品种的不同合约月份建立数量相等、方向相反的交易头寸，以期将来以对冲或交割方式结束交易而获利，进行跨期套利。

跨期套利的交易特点主要体现为“三个相同”和“两个不同”，即交易的指数相同，数量相同，买进或卖出的时间相同，但合约的交割月份和交易方向不同。

此外，按操作方向的不同，一般情况下，跨期套利可分为牛市套利（也称“多头套利”）和熊市套利（也称“空头套利”）两种形式。

在进行牛市套利时，交易所买入近期交割月份的合约，同时卖出远期交割月份的合约，希望近期合约价格上涨幅度大于远期合约价格的上涨幅度；反之，若市场不涨反跌，则希望近期合约的价格下跌幅度会小于远期合约价格下跌幅度。

而熊市套利则相反，即卖出近期交割月份合约，买入远期交割月份合约，并期望远期合约价格下跌幅度小于近期合约的价格下跌幅度。反之，若市场不跌反涨，则寄希望于近期合约的价格上涨幅度会小于远期合约价格上涨幅度。

此外，还有种蝶式套利，是指利用若干个不同交割月份合约的价格变动来获利的交易方式。它一般由两个方向相反、共享居中交割月份的跨期套利交易复合头寸组成，可以视为一种特殊方式的跨期套利。

跨期套利能否成功，主要取决于投资者的判断，如对股指的走势及期货合约是否低估的判断。

例如，现有沪深300指数期货对应的3个月期和6个月期的合约，投资者预期6个月期的合约涨势更强，故买入6月期的合约，抛出3月期的合约。那么随着3月合约与6月合约之间价差扩大，于是产生利润。如果投资者预期错误，由于仍然有相反头寸作为对冲，亏损也不会很大。

从2005年12月开始，根据我独创的“白水”理论，我早就认准了一波上涨行情，因此在电视节目中，我就一直不断大声地疾呼：“买！买！买！买！买！”

但事实上，被几年熊市害苦了的投资者，没有几个人相信，一轮波澜壮阔的大行情呼之欲出。

说实话，如果当时沪深300指数期货推出了，股指期货的近期合约和远期合约之前的价差肯定不会太大。

那时候，如果让我做套利，我肯定会在股指期货的远期合约与当月合约间进行多头牛市跨期套利，随着指数一路上扬，最终结果肯定是赚疯了！

六、套利的风险

虽然进行股指期货套利的风险极小，但进行套利还是存在一定的风险。主要表现在：

1．股指期货合约的理论价格的不确定性

股指期货合约的理论价格的计算，是进行套利的基础。但在实际操作过程中，理论价格的计算需要考虑许多不确定的因素，如股票停牌、股利分配的时间等因素对沪深300指数的影响等。

以股利分配的时间来说，国内市场的股利分配多在二、三季度进行，此时进行套利操作的拟合度就要差一些，而一、四季度就要好一些。

2．方向性错误

在一些特殊情况下，股指期货的价格走势可能和现货方向并不一致或者波动很大，甚至会出现爆仓，造成套利失败。

因此，实际利用股指期货套利远比原理复杂，还需要考虑很多的复杂的影响因素，远没有本书介绍的这样简单。

对于一般的投资者来讲，对股指期货套利有一定的理解，就可以了，并不一定要进行操作。

事实上，依靠人工侦测、捕捉套利机会是不现实的，一般需要依靠程序化交易软件的协助来进行，而软件的设计则是复杂的事情了。

第三节　投　机

股指期货的投机指通过预测股指期货合约的行情走势，赚取行情高低点差价从中获利的交易。

根据持有期货合约时间的长短，投机者可分为两类：

第一类是长线投机者，此类交易者在买入或卖出期货合约后，通常将合约持有几天、几周甚至几个月，然后才将合约对冲或交割。不过，由于持有时间较长，市场中的不确定因素过多，风险就较大，因此股指期货的长期合约的交易量不会太多。

第二类是短线交易者，一般进行当日或最多几天的期货合约买卖，其持仓甚至不过夜；其中，有一些超级短线客，会利用价格的微小变动进行交易来获取微利的，一天之内他们可以做多个回合的买卖交易。

股指期货的投机有两种：

1．在预期股指期货合约价格将会上涨时买入股指期货合约，并在将来

卖出，对冲掉原来的头寸；

2. 在预期股指期货合约价格将会下跌时卖出股指期货合约，并在将来买入，对冲掉原来的头寸。

如：投资者在当月沪深300指数期货合约报价为1 300点时买入2手，在当天，当月沪深300指数期货合约价格升为1 310点时全部卖出平仓，因为每点价值300元，则获利：（1 310 - 1 300）×300×2 =6 000元。

同样，投资者在当月沪深300指数期货合约报价为1 300点时卖出2手，在当天，当月沪深300指数期货合约价格降为1 290点时全部买入平仓，因为每点价值300元，则获利：（1 300 - 1 290）×300×2 =6 000元。

股指期货的投机与我们在股票市场中买卖股票赚取差价的交易没有太大的区别，最主要的区别是，股票市场大多是做多才可以赚取差价，而股指期货除了做多外，还可以非常容易地通过做空来赚取差价。

作为普通的散户投资者，从股指期货中投机获利应该是最普遍的方式。据香港期货交易所统计，恒生期指交易中，有超过80%的交易量是投

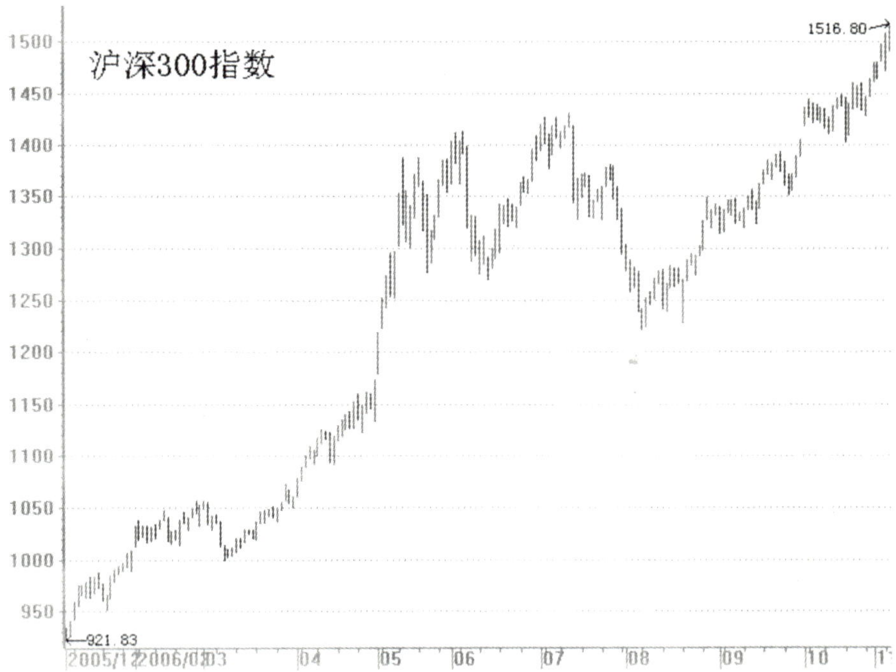

2006年沪深300指数走势图

机行为。投资者利用低额保证金制度的杠杆作用，来获取高额利润，而买空卖空的T+0交易机制则使投资更加灵活。

在讲股指期货的套利时，我提到如果在2005年12月，如果我来做沪深300指数的套利，我肯定会大获全胜，因为根据我独创的“白水”理论，我已算准了当时的趋势。

但事实上，在大趋势十拿九稳的情况下，我肯定不会去追求套利的那点蝇头小利，要做就做方向性的投机，赚更大的钱。

索罗斯说过，看对了趋势并不是最重要的，关键是你敢不敢建大头寸来赚大钱。

2006年上半年，指数一路高歌，沪深300指数涨了50%。

初步测算一下，从年初到5月结束，我一路看多一路买入，我是完全可以取得10倍收益的。

第四节　套期保值、套利和投机的比较

套期保值、套利和投机三者都是期货市场的重要组成部分，对期货市场的作用相辅相成。这三种交易方式都必须依据对市场走势的判断来确定交易的方向，三者之间的区别与联系如下：

1．交易目的不同。

套期保值的目的是回避现货市场价格变动的风险，套利则是获取较为稳定的价差收益，投机目的是赚取风险利润。

2．交易的时机不同。

在对走势判断不稳或预测到有风险时，为了回避风险，进行套期保值交易；而套利则是在发现不同品种间的不正常的价差关系，认为有利可图，才进行交易；而投机则是基于单边方向性趋势的预测，做出的交易。

3．承担的风险不同。

套期保值承担的风险最小，套利次之，投机最大。

4．赢利能力不等。

高风险也伴随着高收益，在赢利能力上，单边的投机交易最大，套利次之，套利基本上没有盈亏。

5．套期保值和套利是同时进行买卖方向相反的交易，而投机是只进

行单方向的交易。

之所以进行相反方向的交易，是为了减小交易的风险，在某一方向上的损失，可以由另一方向上的赢利来弥补。

6. 套期保值和套利都要求同时做数量相同但交易方向相反的交易，若同时进行方向相反但数量不同的套期保值或套利，就演变为投机了。

7. 套期保值与套利计算复杂，对实际效果的评估也复杂，操作起来不易；而投机操作简便，结果明了。

案例 2　套利基金：帝国兴衰

长期资本管理公司是有史以来最有影响的套利基金，它曾与伟大的投机家索罗斯旗下的量子基金、老虎基金和欧米伽基金一起被称为国际四大“对冲基金”。

就是在现在，众多对冲基金仍旧在沿用长期资本管理公司的套利策略，虽然它早已倒在了不确定的投资世界的面前。

梦幻组合

长期资本管理公司（Long - Term Capital Management，LTCM）创立于 1994 年，总部设在离美国纽约市不远的格林威治，它利用募集到的大量私人客户和金融机构的巨款，专业从事在国际债券和外汇市场的投资活动。

长期资本管理公司的掌门人梅里·韦瑟（John Meriwether）被誉为“华尔街债券套利之父”，他邀请了一批金融理论界的巨星和活跃在华尔街的精英入伙，组成了投资市场上的“梦幻组合”。

除了梅里·韦瑟外，“梦幻组合”中的成员还有：1997 年诺贝尔经济学奖获得者默顿（Robert Merton）和舒尔茨（Myron Scholes），前美国财政部副部长及美联储副主席莫林斯（David Mullins）和前所罗门兄弟债券交易部主管罗森菲尔德（Rosenfeld）等。

骄人业绩

长期资本管理公司的主要投资者是欧洲最大的银行——瑞士联合银行集团（UBS）和美林证券（Merry Lynch），私人投资额度最低 1000 万美元，成立时，约定投资期限不少于 3 年。

在 1994 年到 1997 年的四年间，长期资本管理公司从成立初期的 13 亿美元资产净值迅速上升到 1997 年 12 月的 48 亿美元，每年的投资回报率分别为 28.5%、42.8%、40.8%和 17%。

到了1997年，长期资本管理公司以1994年投资1美元派2.82美元红利的高回报率，令华尔街惊叹艳羡不已。

备受推崇的赢利模型

长期资本管理公司的管理者们深信标准的现代金融理论，这从该公司的成员中包括默顿和舒尔茨这两位著名的金融学家即可见一斑，他们两位是标准的现代金融理论的奠基人之一。

他们相信，证券间不合理的价差最终会趋向或达到合理水平；而当价差过大的时候，套利机会就出现了。

同西方传统的重视数量模型的思路相一致，长期资本管理公司通过电脑建立了精密的数量模型来分析金融工具价格，利用不同证券的市场价差进行短线套利操作。

诺贝尔经济学奖获得者默顿和舒尔茨是金融界数量模型方面的权威。早在1973年，斯科尔斯和已故的经济学家费西尔·布莱克就给出了著名的布莱克—斯科尔斯期权定价模型，而默顿则对布莱克－斯科尔斯模型所依赖的假设条件做了进一步减弱，并在许多方面对其做了推广。而期权定价理论，是现代金融学的重要基石之一。

在长期资本管理公司，通过电脑，默顿和舒尔茨等人将金融市场的历史交易资料、已有的市场理论和学术研究报告与市场信息有机结合在一起，建立起了复杂的精密的数量模型，并用来指导投资实践。

具体情况是：通过对大量长期的历史数据的计算机处理，可以得到两个不同金融工具间的历史价差，然后结合市场信息分析它们之间的最新价差；当最新价差出现，并且逐步放大，超出理论上的历史上的正常的价差波动范围时，电脑系统立即建立起庞大的债券和衍生工具组合，大举入市套利；经过市场中套利盘对不合理价差的一段时间的调节，放大的价差最终会自动恢复到正常轨迹上，此时电脑系统发出平仓指令离场，套利成功结束。

总之，复杂的精密的数量模型，是长期资本管理公司“战无不胜，攻无不克”的独门法宝，也是该公司交易的基础。

对冲基金的操作手法

对冲基金是目前国外非常流行的一种投资方式，现在，美国市场上每日成交量的一半来自对冲基金。对冲基金的投资目的是以资本增值为主，这方面它与传统的基金分别不大。但与面向普通投资者的保守的证券投资基金不同，对冲基金的投资活动异常复杂，花样不断翻新的各类金融衍生产品如期货、期权、掉期等逐渐成为对冲基金的主要操作工具。

对冲基金闻名于世是在1997～1998年的亚洲金融危机之后，在那场危机中，索罗斯领导的国际对冲基金被许多人认为是罪魁祸首，是对冲基金的疯狂投机，最终引发了多米诺骨牌效应，并最终导致了全球金融市场的震荡。一时间，对于对冲基金，大多数投资者是闻之色变。

在亚洲金融危机之后，索罗斯曾被美国国会请去解释对冲基金的运作原理，美国国会进而评估对冲基金对金融市场的破坏性，并进而可以有效地防范这种破坏性。

通过亚洲金融危机，许多人误认为对冲基金的投资策略是偏重于投机的。但事实上恰恰相反，对冲基金的管理和运作是非常正规、严谨和理智的。

就其本意来讲，对冲基金（Hedge Fund）中的英文“Hedge”一词，原意为用树枝、篱笆围起来以防止损失，因此有人将对冲基金的英文译成中文为“避险基金”是有一定道理的。

之所以译为“对冲”，是因为在该种基金的投资操作上，强调以两面下注的对冲交易方式来保值增收，与单边方向性投机所跟随的高风险正相反，这种双边的对冲机制对基金本身的运作来讲，所蕴含的风险反而更小。

在长期资本管理公司这个对冲基金的具体操作中，始终遵循“市场中性”原则，即不从事任何单方面交易，而是双边下注，仅以寻找不同市场或商品间形成的套利空间，并通过对冲机制规避风险，赚取差价。

有时候，为了控制风险，在长期资本管理公司的核心交易中，甚至有着许多种金融衍生合约的组合互相支持着，投资组合成为长期资本公司控制风险的另一道防火墙。

金钟罩铁布衫的命门——小概率事件

长期资本管理公司设计的复杂的精密的数量模型的假设前提和计算结果，都是在历史统计数据基础上得出的。

因为一些事件发生的概率很小，在历史数据的统计过程中，这些事件往往被忽略了。

但事实上，随着时间的积累和环境的变化，小概率事件就有可能发生。而一旦小概率事件发生，就有可能改变整个市场的运行态势，此时，若按照模型的固有结论行事，是有可能会给投资造成致命的打击的。

突发事件的波诡云谲

俄罗斯是世界上主要的石油输出国，其经济对石油输出的依存度相当高。比如，近几年俄罗斯的经济改善，原因之一，就是国际油价高企，通过石油出口，俄罗斯换回了大量的外汇。

但在1998年8月，受亚洲金融危机的影响，国际石油价格不断下跌。油价的下跌，恶化了俄罗斯的国内经济，俄罗斯不得不采取“非常”举动。

8月17日，俄罗斯宣布卢布贬值，停止国债交易，并将1999年12月31日前到期的债券转换成了3～5年期债券，冻结国外投资者贷款偿还期90天。

从1998年5月开始的俄罗斯金融风暴，至此达到了高潮。

俄罗斯的决定，引起了国际金融市场的恐慌，投资者纷纷从新兴市场和较落后国家的证券市场撤出，转持风险较低、质量较高的美国和德国政府债券。

从事后公布的一些长期资本管理公司的投资组合来看，俄罗斯金融风暴发生时，长期资本管理公司持有大量意大利、丹麦和希腊等国政府债券，同时沽空了德国政府债券。

之所以采取这样的一组投资组合，是因为：通过对大量的历史数据的统计，长期资本管理公司的数量模型发现，德国政府债券与意大利政府债券具有正相关性，即二者将朝着同一个方向发展。

只要德国政府债券与意大利政府债券价格变化方向相同，当二者息差收窄时，价差就会收窄。由于当时随着欧元启动的临近，上述三国与德国的债券息差预期会收紧，因此长期资本管理公司试图通过以上对冲交易从中获利。

事实上，在1996年，长期资本管理公司据此原理曾获得过巨大成功。

但受俄罗斯金融风暴的影响，小概率事件发生了：德国政府债券与意大利政府债券之间存在的正相关逆转了——德国政府债券价格上涨，意大利政府债券价格下跌。这恰恰击中了长期资本管理公司的投资命门，它在德国政府债券与意大利政府债券上的投资两头亏损。

此外，在其他的一些交易中，由于突发事件的影响，长期资本管理公司也蒙受了巨大的损失。

成也萧何，败也萧何——令人又爱又怕的杠杆

与我们常用的单边的方向性投机相比，双边对冲交易套利的利润率是极其微小的。加之国外的市场是经过长期发展的成熟市场，套利空间相比较而言就要更小了。事实上，正因为套利空间狭小，长期资本管理公司才会采用计算机来辅助捕捉稍纵即逝的微小的套利机会。

但为了取得丰厚的利润，长期资本管理公司采用了保证金这一杠杆操作方式，将手中的资金放大到几倍甚至几十倍。因此虽然套利的利润率极低，但由于放大了资金，最终获得的利润总量却也是相当巨大的。

所以，尽管长期资本管理公司采用对冲交易机制控制投资风险，但事实上，高杠杆的利用又放大了交易的风险。

通过利用杠杆，长期资本管理公司曾经为投资人取得了辉煌的回报。

但事实上，杠杆是把双刃剑。也正是由于杠杆，长期资本管理公司才遭遇灭顶之灾。

据说，在俄罗斯金融风暴期间的交易中，长期资本管理公司利用手中的22亿美元资本作抵押，买入或卖空了价值1250亿美元的证券，杠杆比率高达约60倍。

在长期资本管理公司出现巨额亏损后，公司管理层判断认为，对息差收窄的预期是正确的，只要有足够的现金补足交易所需的保证金，金融风暴过去后，市场价差还会回到原有的轨道上来。

长期资本管理公司开始抛售非核心资产套现，为其庞大的欧洲政府债券等持仓盘追加保证金。

但这场金融风暴来得太猛烈了，持续的时间也太长了，超出了长期资本管理公司能够承受的范围。长期资本管理公司的经纪行——Bear Sterns Companies 开始下最后通牒：由于没有足够的保证金，长期资本管理公司的持仓盘面临被强制平仓的境地。

劫后余生

从1998年5月到9月，在150多天时间内，长期资本管理公司管理的资产净值下降了90%，出现了43亿美元的巨额亏损，账面仅余5亿美元，已走到破产边缘。

长期资本管理公司的崩溃，震动了整个世界的金融界，《华盛顿邮报》将其描述成“对华尔街造成有史以来最严重打击的金融失足”。

在公司最困难的时候，长期资本管理公司的掌门人梅里·韦瑟找到了巴菲特，向这位华尔街唯一个人持有高达80亿美元现金的“股神”求助。巴菲特说，我不懂你们的那一套！——“股神”也封上了金口！

9月23日，美联储出面，组织安排美林和J. P. 摩根等15家国际性金融机构注资37.25亿美元，购买了长期资本管理公司90%的股权，共同接管了该公司，从而避免了它倒闭的厄运。

第五章　股指期货投资分析

对股指期货合约的价格走势作出判断，是股指期货投资决策的基础。这种对股指期货合约价格走势的投资分析，一般包括基本面分析和技术分析两方面。

第一节　基本面分析

股指期货交易的基本面分析，是指根据经济学、金融学及投资学等基本原理，对影响股指期货市场总体价格走势的一些宏观经济因素和经济数据进行分析研究，掌握其对股指期货市场的影响力度与方向，并进而判断股指期货合约的价格走势，以作出正确的投资决策。

一般情况下，影响股指期货合约价格走势的基本面与影响股票市场整体走势的基本面是一致的。

由于基本面分析关注的是宏观的经济因素和指标，因此分析的是价格变动的长期趋势。但由于预测的时间跨度相对较长，对短线投资者的指导作用就比较弱，如对一些股指期货的短期合约的影响有可能比较小，而对股指期货远期合约的价格影响就大了。

1. 评价宏观经济形势的基本变量

（1）国内生产总值（GDP）

GDP是指在一国的领土范围内，本国居民和外国居民在一定时期内所生产的、以市场价格表示的产品和劳务的总值。在宏观经济分析中，GDP指标占有非常重要的地位，具有广泛的用途，GDP的持续、稳定增长是政府着意追求的目标。

例如：2006年8月30日，中国国家统计局公布了经修订的统计数据，2005年的GDP现价总量为183,085亿元。根据国家统计局提供的数据，2005年，中国GDP已经超过2.2万亿美元，人均GDP为1703美元。目前，中国GDP总量位居世界第四，占世界经济份额约5%，仅次于美国、日本和德国，但人均GDP仍位居世界第110位。

（2）经济增长率

经济增长率也称经济增长速度，它是反映一定时期经济发展水平变化程度的动态指标，也是反映一个国家经济是否具有活力的基本指标。

例如：根据国家统计局发布的信息，2005年，中国经济继续保持平稳较快增长，全年经济增长率为10.2%，这是1996年以来的最快增速。

经济增长率并非越高越好。就中国目前的经济情况而言，经济发展速度达到高速甚至超高速增长时，反而需要警惕宏观经济的过热态势。这几年持续的宏观调控，正是因为经济增长过快而引发的。

此外，现在，国家已经更加注意经济增长的一些负面影响，如对环境的破坏等，进而强化了“绿色GDP”的概念。

（3）货币供应量

货币供应量是单位和居民个人在银行的各项存款和手持现金之和，其变化反映着中央银行货币政策的变化。中央银行可以通过增加或减少货币供应量控制货币市场，实现对经济的干预。

货币供应量被划分为一些不同的层次，从我国现行的统计制度看，M0指流通中现金；M1指狭义货币供应量，即M0+企事业单位活期存款；M2指广义货币供应量，即M1（流通中现金+企事业单位活期与定期存款）+居民储蓄存款。

货币供应量的数据，由我国的中央银行——中国人民银行按月公布，大家可以适当关注一下。

例如：2006年新年伊始，央行确定2006年货币政策预期调控目标是，广义货币供应量M2增长16%，狭义货币供应量M1增长14%，金融机构新增人民币贷款2.5万亿元。

（4）居民消费价格指数（CPI）

居民消费价格指数反映城乡居民购买并用于消费的消费品及服务价格水平的变动情况，并用它来反映通货膨胀程度。

从2001年起，我国采用国际通用做法，逐月编制并公布以2000年价格水平为基期的居民消费价格定基指数，作为反映我国通货膨胀（或紧缩）程度的主要指标。经国务院批准，国家统计局城调总队负责全国居民消费价格指数的编制及相关工作，并组织、指导和管理各省区市的消费价格调查统计工作。

但由于我国现行的居民消费价格指数统计办法，没有将住房、教育、汽车和医疗等居民消费纳入统计范围，在这几年房价飞涨的情况下，居民消费价格指数的上涨幅度却并不大，这使得它的权威性受到了质疑。

（5）利率

利率，是指在借贷期内所形成的利息额与所贷资金额的比率。

在影响股票市场走势的诸多因素中，利率是一个比较敏感的因素。一般来说，利率上升，可能会将一部分资金吸引到银行储蓄系统，从而抽走股票市场的资金，对股价造成一定的负面影响。同时，由于利率上升，企业经营成本增加，利润减少，也相应地会使股票价格有所下跌。

反之，利率降低，人们出于保值增值的内在需要，可能会将更多的资金投向股市，从而刺激股票价格上涨。同时，由于利率降低，企业经营成本降低，利润增加，也相应地促使股票价格上涨。

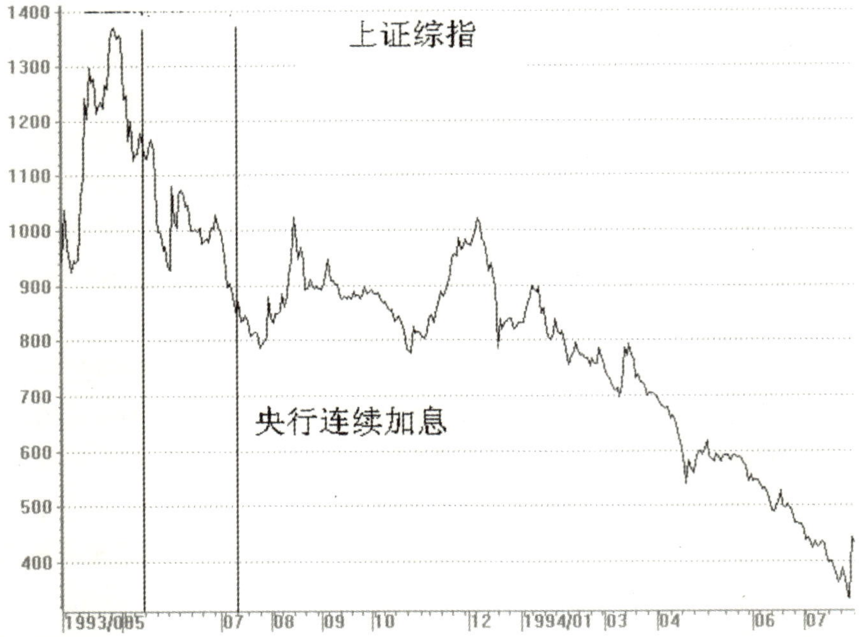

在1993～1994年间，央行连续加息，抑制高企的通货膨胀压力，股市随之一路下行。

（6）汇率

汇率是指外汇市场上一国货币与他国货币相互交换的比率。

一国的汇率会因该国的国际收支状况、通货膨胀率、利率、经济增长率等的变化而波动；反之，汇率波动又会影响一国的进出口额和资本流动，并影响一国的经济发展。

特别是在当前国际分工异常发达、各国间经济联系十分密切的情况下，汇率的波动对一国的国内经济、对外经济以及国际间的经济联系都会有重大影响。

在目前情况下，由于我国长期实行不能自由汇兑的固定汇率，在向自由转变过程中，人民币升值是影响股价变动的重要因素。

作为影响股票市场趋势重要的因素之一，人民币升值趋势的不断强化，给股票市场注入了涨升的动力。

而与人民币相对应，美元结束了一个升息周期，可能即将开始一轮降息周期，这也助升了人们对人民币升值的预期。

2. 政治和政策因素

除了经济因素外，一些政治和政策方面的变化，对股票市场的走势也会产生影响。现举两例作一些说明：

（1）股票市场的供求关系

中国股市是明显的资金推动型市场，股票市场的供求关系，对股市的涨跌影响就非常明显。

现在，在中国股市，合格境外机构投资者（QFII）成为仅次于基金的投资力量。

2006 年 9 月，中国证监会新批了瑞银环球、三井住友等 5 家机构合格 QFII 资格。到当时为止，2006 年新增的 QFII 家数已经达到 16 家，创历史新高。2006 年三季度，已有 10 家海外机构获批，QFII 审批明显提速。

QFII 投资心态相对稳定且入市积极，有利股指稳定；同时 QFII 投资相对稳健，对绩优蓝筹股长期持有。8 月末，部分 QFII 基金持仓比例超过 97%，几乎完全“打满仓”。

至 2006 年 9 月，QFII 已获得投资总额度为 78.45 亿美元，尚有十家机构尚未申请投资额度。在当时，一轮新的 QFII 建仓浪呼之欲出，在某种程度上，对股市的后市走向完全可以看好。

（2）政治因素

政治因素指对股票市场发生直接或间接影响的政治方面的原因，如国际政治形势、政治事件、国家之间的关系、重要的政治领导人的变换等等，这些都会对股价产生巨大的、突发性的影响。

利用我独创的“白水”理论，我对股市的走势有着成功的判断。“白水”理论的产生，是基于三个基础条件之上的。

第一个基础就是，确信股票指数是地区经济的晴雨表，这事实上就是对股市基本面分析的认可。

同时，我也确信，几千年来，人类社会是在不断进步的。在以上的乐观判断之下，我也确信，绝大多数的股票指数本质上是长期向上的。当然，其中也会有若干年的经济徘徊甚至衰退，但总的趋势仍然是向上的，这同人类社会的发展密不可分。

事实上，通过我个人的研究发现，线性的长期向上趋势的确是存在的，只是不同的时期有不同的变动率，这种基本趋势的变动速率形成的模型就成了“白水”理论的基础。

第二节　技术面分析

在炒股中用到的各种技术分析手法，如量化指标（MA，MACD，CDP等）和图表型态的分析判断等，基本上都可以在炒股指期货中使用。关于技术分析，有各种专门的书籍可供投资者参考，在本书就不再详说。

现在，谈一下炒股指期货作技术分析与炒股票不同的成交量与未平仓合约量，以提醒投资者注意。

成交量，为在一定的交易时间内股指期货在交易所成交的合约数量。在国内期货市场，计算成交量时以双向计算，也就是说，我们看到的成交数量里一半是买一半是卖。

但其中买、卖都可能有开仓或平仓，这是与股票不同的地方，所以，期货的成交量数值，就包含了买、卖、开仓、平仓不同组合的信息，它比股票的成交量所反映的信息要多很多。

未平仓合约量（也称“持仓量”），指买入或卖出后尚未对冲及进行交割的股指期货合约的数量。未平仓合约的买方和卖方是相等的，未平仓合约量是买方和卖方合计的数量。

如买卖双方均为新开仓，则未平仓合约量增加两个合约量；如其中一方为新开仓，另一方为平仓，则未平仓合约量不变；如买卖双方均为平仓，未平仓合约量减少两个合约量。

总持仓量是从该种股指期货合约开始交易起，到计算该未平仓合约量止，这段时间内尚未对冲结算的合约总数量。因此，总持仓量越大，该合约到期前平仓交易量和交割量的总和就越大，成交量也就越大。

总持仓量是可以得到的，在中金所发布的行情信息中，专门有“总持仓”一栏。

分析总持仓量的变化，可推测资金在股指期货市场的流向。未平仓合约量增加，表明资金流入股指期货市场；反之，则说明资金正流出股指期货市场。

成交量和总持仓量的变化会对股指期货价格产生影响，股指期货价格变化也会引起成交量和总持仓量的变化。因此，分析三者的变化，有利于正确预测股指期货价格走势。

价格	总持仓量	成交量	多方	空方	预测
↑	↑	↑	获利加码	亏损加码	多头稳健
↑	↑	↓	获利加码	亏损加码	多方强势
↑	↓	↑	获利了结	止损离场	空头回补
↑	↓	↓	获利了结	止损离场	涨势趋缓
↓	↑	↑	亏损加码	获利加码	空头稳健
↓	↑	↓	亏损加码	获利加码	空方强势
↓	↓	↑	止损离场	获利了结	多头回补
↓	↓	↓	止损离场	获利了结	跌势趋缓

举例而言，指数上升，多方获利，空方亏损。如果未平仓量上升，代表多方没有获利了结，心中的满足价位还没到，还加码投资，此时后市容易继续上扬；反之，如果未平仓量下降，代表多方获利了结，心中的满足价位已到，后市的涨势容易停止。

从以上分析可见，在一般情况下，如果成交量、未平仓量与价格同向，其价格趋势可继续维持一段时间；如两者与价格反向时，价格走势可能转向。

事实上，以上只是简单的量价对比关系，若要正确判断股指期货的未来走势，还需结合不同的价格形态等作进一步的具体分析。

第三节　行为金融学

2002 年，年度诺贝尔经济学奖授予了美国普林斯顿大学的丹尼尔·卡纳曼（Daniel Kahneman）和美国乔治·梅森大学的弗农·史密斯（Vernon Smith）。作为行为金融学的代表人物，丹尼尔·卡纳曼的获奖，引起了人们对行为金融学这一新兴学科的更大兴趣。

行为金融学是我非常推崇的一个理论。

在我独创的“白水”理论中，其成立的第三条基础条件是，群体行为决定股票价格！这一出发点，与行为金融学的理论可谓是不谋而合。

一、传统的理论

现代标准金融理论是建立在马柯维兹（Markowitz）资产组合理论（MPT）、夏普—林特纳—布莱克（Shape，Lintner and Black）资本资产定价模型（CAPM）、布莱克—斯科尔斯—默顿（Black，Schoels and Merton）期权定价理论（OPT），以及斯蒂芬·罗斯（Stephen Ross）于 1976 年提出的套利定价理论（APT）这些理论的基础上的。

这些理论的基石是有效市场假说（Efficient Market Hypothesis，EMH）。

1965 年，芝加哥大学著名教授法玛（E. Fama）提出的一个被广为接受的有效市场理论。该理论认为：如果在一个证券市场上，价格完全反映了所有可获得（利用）的信息，每一种证券价格都永远等于其投资价值，这样的市场为有效市场。显然，这样的分析框架是局限在理性分析范围之内的。

与之相适应，有效市场理论的假设前提之一是：人都是“理性人”，投资者可以作出理性的判断，并依据效用最大化原则进行决策。因此，人的情绪和感情的因素，对证券价格的影响应该是极其有限的。

但是，有效市场理论在解释实际金融现象时遇到了很多问题，比如阿莱悖论、日历效应、股权溢价之谜、期权微笑、封闭式基金折价之谜（注1）和小盘股效应（注2）等等。

注1：无论是在中国还是西方的资本市场上，封闭式基金都存在持续的高折价现象，这难以用传统的有效市场理论加以解释，人们把这种现象称为“封闭式基金折价之谜”。

注2：1981年，Banz发现，股票市值随着公司规模的增大而有减少的趋势。随后，Reimganum也发现，公司规模最小的普通股票的平均收益率要比根据CAPM模型预测的理论收益率高，且小公司效应大部分集中在1月份。由于公司的规模和1月份的到来都是市场已知信息，这一现象明显地违反了有效市场假设。

二、颠覆

面对一系列金融异象，人们开始质疑有效市场理论，质疑传统金融理论。

1979年，丹尼尔·卡纳曼和已故的阿莫斯·特沃斯基（Amos Tversky）发表了《预期理论：风险决策分析》，正式提出了预期理论。

卡纳曼和特沃斯基通过实验对比发现，大多数投资者并非是标准金融投资者，而是行为投资者，他们的行为不总是理性的，也并不总是回避风险的。

如：投资者在投资账面损失时更加厌恶风险，而在投资账面赢利时，随着收益的增加，其满足程度却在逐步减缓。

期望理论解释了不少金融市场中的异常现象，如阿莱悖论、股价溢价之谜以及期权微笑等。

该理论能更好地说明人的经济行为，以更加贴近现实的假设，严重冲击并动摇了传统金融学所依赖的期望效用理论，为行为金融学奠定了坚实的理论基础。

随后的行为金融研究表明，每一个现实的投资者都不是完整意义上的“理性人”，而只具有有限理性，其决策行为不仅受制约于外部环境，更会受到自身固有的各种认知偏差的影响。

比如：人的情绪、性格和感觉等主观心理因素会对行为人的决策构成重要的影响，而投资者一些以前成功或者失败的经历也会影响到当前或者以后的决策。

1985 年，Shefrin 和 Statman 发现，在股票市场上，投资者往往对亏损股票存在较强的惜售心理，即继续持有亏损股票，不愿意实现损失，而愿意较早卖出股票以锁定利润，这种现象称为“处置效应”。

此外，实证表明，现实的市场也并非完全是有效的市场。情感与心理作用正在经济学中扮演越来越重要的角色，它们比单纯的数据与统计数字往往更具决定作用。

1996 年 12 月 5 日，在一次私人性的晚餐会上，当时的美联储主席阿伦·格林斯潘提出了所谓的非理性繁荣的概念。格林斯潘只是提出了非理性繁荣这个问题，但没有回答这个问题。虽然如此，格林斯潘的谈话，还是引起了全球股票市场的波动。在最早开市的日本股市，日经指数下降了 3.2%；随后，德国的 DAX 指数下降 4%，英国金融时报指数下降 4%；在这天交易的前半段，美国道·琼斯指数下降了 2.3%。

总之，行为金融学家认为，对投资者的行为进行研究是至关重要的。基于此，他们进行了诸多研究，并取得了不少成果。

三、行为金融学对套利行为的分析

标准金融理论认为，实际价格应该等于基本价值。他们认为，理性交易者（也称为套利者）会很迅速消除非理性交易者（也称为噪声交易者）引起的偏离现象。本质上，这种观点基于两个主张：

首先，只要偏离基本价值，一个有吸引力的投资机会就产生了；

其次，理性交易者将立即抓住机会，因此纠正了偏离。

但行为金融学者认为，即使当一种资产被广泛的偏离时，设计纠正这种偏离的策略可能非常有风险（即下面将要提到的四种风险），而且成本昂贵，使之失去了吸引力，因此不会去纠正或者纠正得不彻底，这种偏离仍是存在的。

行为金融学认为，实施套利存在着下面几种风险：

1. 基本风险

关于某证券基本价值的一些坏消息，引起证券进一步下跌导致损失。这时候，需要另找替代性证券来对冲，但由于替代性证券很少是完美的，甚至经常是高度不完美的，使得消除所有基本面风险成为不可能。

2. 噪声交易者风险

金融市场中存在着一些噪声交易者，即使某只股票拥有完美的替代性证券，套利者仍面临那些本来使这只股票低估的消极投资者更加消极地促使估价进一步下跌的风险。

如：当一只股票的价格低估偏离基本价值时，一些悲观的投资者（噪声交易者）会认为股价可能进一步下跌，从而抛掉这只股票，导致股价越来越偏离基本价值。

3. 执行成本

为了预防基本风险，卖空有替代关系的股票是必需的。即使能找到有很好替代关系的股票，有时可能出现卖空的供给不足。而且当投资者需要卖空时，一些法律的限制也将导致无法实施卖空。另外，考虑到交易费用（如佣金）等，也会限制卖空的实施，因此，买进和卖出能否顺利进行也成为问题。

4. 模型风险

对证券基本价值的估计是实施套利行为的关键，我们只能从已知的理论模型中，推断出其基本价值。但用模型估计出来的基本价值是否正确呢？我们不能得到绝对的肯定。这种不确定性影响理性投资者的套利行为。

行为金融理论认为，与教科书中的套利相比，现实世界中套利包括大量风险，在某些条件下将限制套利和允许基本价值的偏离一直存在。

四、行为金融学理论在实践中的应用

行为金融学家也提出了许多行为金融模型。

1994 年，行为金融学家 Hersh Shefrin 和 Meir Statman 挑战资本资产定价模型（CAPM），提出了行为资产定价模型（Behavioral Asset Pricing Model，BAPM），将资本资产定价模型中的 β 值扩大为噪声交易者风险和传统 β 值之和。

1999 年，Hersh Shefrin 和 Meir Statman 又挑战资产组合理论，提出了行为组合理论（Behavioral Portfolio Theory，BPT）。

此外，有影响的模型还有：DSSW 模型、BSV 模型、DHS 模型和 HS 模型等。

行为金融学也提出了一些不同于传统的行为金融投资策略，如资金平均策略（Dollar - cost Averaging strategy，注）、时间分散策略（Time Diversification Strategy）、反向投资策略（Counter. Investment Strategy）和惯性交易策略（ Momentum Trading Strategy ）等。

注：资金平均策略指，根据预设时间，定期购买固定金额的证券的策略，目的是减低长期的每股平均成本。但这种平均成本投资法并不保证收益，也不保障您不受下跌市场的损失。

行为金融学不仅解释了很多金融异象，而且还成功地预测了人类历史上的一次大股灾。

2000 年 3 月，美国耶鲁大学的罗伯特·希勒（Robert Shiller）教授出版了《非理性繁荣》（Irrational Exuberance）一书，该书从行为金融学的角度对美国股市的泡沫进行了分析。

希勒教授把一路上扬的美国股市称作“一场非理性的、自我驱动的、自我膨胀的泡沫”。该书出版一个月后，纳斯达克股票指数由 5000 多点跌至 3000 多点，股市泡沫开始释放，该书也因此名噪一时，迅速被译成各种文字，广为流传。

总之，行为金融学是金融学、心理学、行为学和人类学相结合的综合学科，是关于投资理论的最前沿的理论，有着巨大的生命力。

有关行为金融理论的文献，在最近几年才大量出现，至今还没形成统一的理论体系，还处在发展中，对于其中的一些理论还存有争议。

虽然如此，一些金融实践者已开始运用行为金融学的一些投资策略来指导他们的投资活动并取得了成功。

第六章　股指期货的标的

——沪深 300 指数

沪深 300 指数期货的标的是沪深 300 指数。若想正确预测和判定沪深 300 指数期货的走势，就要先了解一下沪深 300 指数。

第一节　沪深 300 指数简介

沪深 300 指数与全球主要指数一样，是价格指数，分红派息不计入指数。

沪深 300 指数是从上海和深圳证券市场中选取 300 只 A 股作为样本编制而成的成分股指数，沪深 300 指数是沪深证券交易所第一次联合发布的反映国内 A 股市场整体走势的指数。

2005 年 4 月 8 日，沪深 300 指数发布，基准点数为 1000 点。

2005 年 9 月，由沪深证券交易所共同出资设立的中证指数有限公司成立后，上证所和深交所将沪深 300 指数的经营、运作及相关权益移交至中证指数有限公司。

沪深 300 指数采用派许加权综合价格指数公式计算：

报告期指数 = 报告期成分股的调整市值/基日成分股的调整市值 × 1000

其中，调整市值 = Σ（市价 × 调整股本数），基日成分股的调整市值亦称为除数。

调整股本数采用分级靠档的方法对成分股股本进行调整，具体方法如下表所示：

档　次	流通比例	权　数
1	≤10	流通股数
2	(10，20]	总股本×20%
3	(20，30]	总股本×30%
4	(30，40]	总股本×40%
5	(40，50]	总股本×50%
6	(50，60]	总股本×60%
7	(60，70]	总股本×70%
8	(70，80]	总股本×80%
9	>80	总股本

比如，某股票流通股比例（流通股本/总股本）为7%，低于10%，则采用流通股本为权数；某股票流通比例为43%，落在区间（40，50］内，对应的加权比例为50%，则将总股本的50%作为权数。

第二节　沪深300指数在样本股构成上的特点

一、样本股的选择

样本空间：

剔除下列股票后的沪深两市所有A股股票。

暂停上市股票；

经营状况异常或最近财务报告严重亏损的股票；

股价波动较大、市场表现明显受到操纵的股票；

其他经专家委员会认定的应该剔除的股票。

选样标准：

选取规模大、流动性好的股票作为样本股。

选样方法：

对样本空间股票在最近一年（新股为上市以来）的日均成交金额由高

到低排名，剔除排名后50%的股票，然后对剩余股票按照日均总市值由高到低进行排名，选取排名在前300名的股票作为样本股。

近年来，深圳证券交易所停止了大盘股的新发行上市，只在中小板新发行上市股票。但由于中小板上市的股票的流通市值过小，所以相信，在将来，随着大盘股在上海证券交易所的不断新发行上市，上海市场的股票将占据沪深300指数成分股的主导地位。

二、沪深300指数在样本股构成上的显著特点

1. 代表性强

沪深300指数样本股覆盖了沪深两市近七成的市值，市场代表性良好。

截至2006年8月31日，沪深300总市值为3.38万亿元，占沪深A股市场总市值的66.82%。

沪深300指数样本股覆盖了证监会13个行业类，总市值的行业偏离度仅为2.05%，指数行业比重与沪深两市高度一致，体现出较强的行业代表性并能有效分散指数组合的行业风险。

2. 流动性强

截至2006年8月31日，沪深300指数日均成交金额为138亿元，占同期A股市场日均成交金额的51.76%，表现出良好的流动性。

3. 投资性好

沪深300指数在选样时，剔除了ST、*ST股票、股价波动异常或被市场操纵及有重大违法违规的股票，较高程度地保证了样本公司的质量。

2006年中期显示，沪深300样本公司净利润总额占两市上市公司的85.4%，市盈率和市净率分别为16.2倍和2.21倍，低于市场平均水平18.98倍和2.23倍。沪深300指数样本股2005年和2006年前8个月分红派息分别为630.64亿元和759.21亿元，超过市场分红派息的总额的80%，分红水平高于市场的平均水平。

第三节　沪深300指数的修正

沪深300指数的成分股并不是一成不变的，成分股的权重也是在不断变化的。

1. 沪深 300 指数的样本调整

依据样本稳定性和动态跟踪相结合的原则，对沪深 300 指数的样本股进行调整。

沪深 300 指数样本调整分为：定期调整和临时调整。

（1）定期调整

原则上，每半年对沪深 300 指数的成分股进行一次调整，一般为 1 月初和 7 月初实施，每次调整的比例不超过 10%。

最近一次财务报告亏损的股票原则上不进入新选样本，除非该股票影响指数的代表性。

样本调整设置缓冲区，排名在 240 名内的新样本优先进入，排名在 360 名之前的老样本优先保留。缓冲区技术的采用使每次调整的幅度得到一定程度的控制，指数能够保持良好的连续性，样本股调整幅度的降低也可以减小投资者跟踪指数的成本。

定期调整的同时，还设置了 15 只股票的备选名单，以用于样本股的临时调整。

（2）临时调整

从 2006 年 7 月起，新发行的对符合样本空间条件且总市值（不含境外上市股份）排名在沪深市场前 10 位的股票将快速进入沪深 300 指数样本股，即在其上市第 10 个交易日结束后进入指数，同时剔除原指数样本中最近一年日均总市值排名最末的股票。

如：中国银行、大秦铁路在上市第 10 个交易日结束后，即成为沪深 300 指数样本股。

快速进入指数规则的采用，使沪深 300 指数的代表性和可投资性得到进一步加强。

此外，当出现样本股合并、分拆、破产、退市或暂停上市等情况，造成样本空缺或需要临时更换样本时，依次选择备选名单中排名最靠前的股票作为样本股。

2. 沪深 300 指数的修正

当成分股名单发生变化或成分股的股本结构发生变化或成分股的市值出现非交易因素的变动时，采用“除数修正法”修正原固定除数，以保证指数的连续性。修正公式为：

修正前的调整市值/原除数 = 修正后的调整市值/新除数

其中，修正后的调整市值 = 修正前的调整市值 + 新增（减）调整市值；并由此公式得出新除数（即修正后的除数，又称新基期），据此计算以后的指数。

需要修正的几种情况及处理为：

（1）成分股名单发生变动时，在变动日前修正指数。

（2）股改完成后复牌，在复牌后第二个交易日前修正指数。

（3）除息：凡有成分股除息（分红派息），指数不予修正，任其自然回落。

（4）除权：凡有成分股送股或配股，在成分股的除权基准日前修正指数。

（5）停牌：当某一成分股在交易时间内突然停牌，取其最后成交价计算即时指数，直至复牌。

（6）暂停交易：当某一成分股暂停交易时，不作任何调整，用该股票暂停交易的前一交易日收盘价直接计算指数。

（7）摘牌：凡有成分股摘牌（终止交易），在其摘牌日前进行指数修正。

（8）股本变动：凡有成分股发生其他股本变动（如增发新股、配股上市、内部职工股上市），在成分股的股本变动日前修正指数。

（9）停市：部分样本股停市时，指数照常计算；全部样本股停市时，指数停止计算。

第四节　沪深300指数与上证指数的比较

上证指数采用的是以1990年12月9日为基期，以沪市全部上市股票为样本，以股票发行量为权数，按加权平均法计算得出的股票指数。通俗地讲，就是每只股票都对股指有贡献，贡献的大小由此股票的总市值与整个市场的总市值的比例来决定。

与股民朋友们熟悉的上证指数相比，沪深300指数具有如下明显的区别：

1. 上证指数反映的是在上海证券交易所上市的全部A股的走势，而沪深300指数是一个跨沪深市场的由沪深市场的300只股票组成的成分股指数。

2. 上证指数是以总股本为权重计算指数的，而沪深300指数则以调整股本作为权重。以调整后的自由流通股本而非全部股本为权重，沪深300指数更能真实反映市场中实际可供交易股份的股价变动情况。

沪深300指数中，权重最大的股票是招商银行（截至2006年12月29日），而非工商银行、中国银行或中国石化构成上证指数的“三巨头”之一，主要是因其自由流通股份比例较高。

以2006年8月31日为例，中国银行和中国石化的自由流通股份分别为34.5亿和28亿，权重分别为1.06%、1.62%，列第14位和第8位；而招商银行在沪深300指数中的权重却为3.97%。

3. 上证指数曾采用新股上市首日即计入指数来计算，容易出现指数失真；而沪深300指数在修正时注意保持了指数良好的连续性。

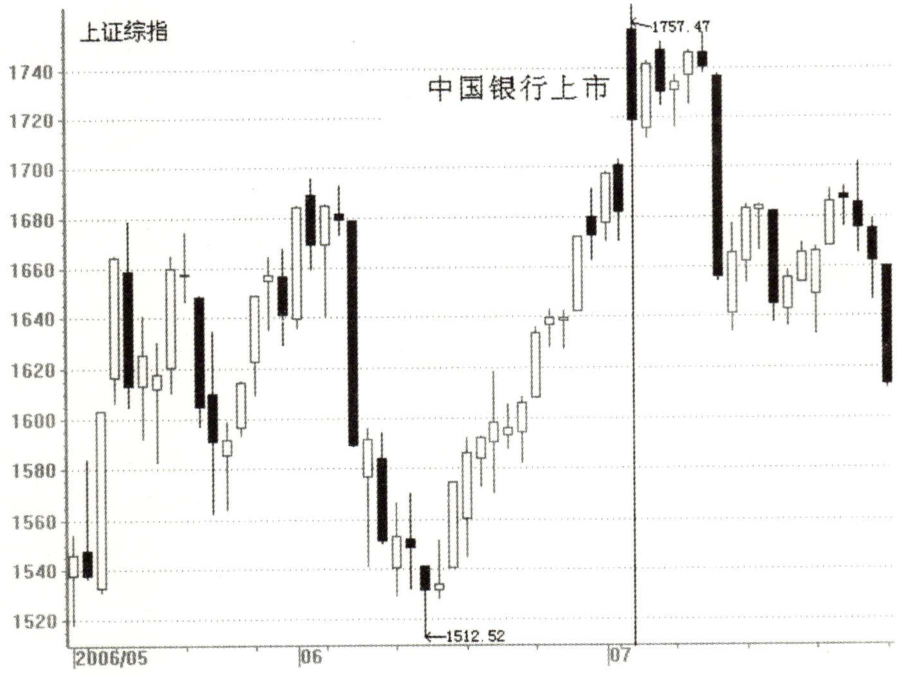

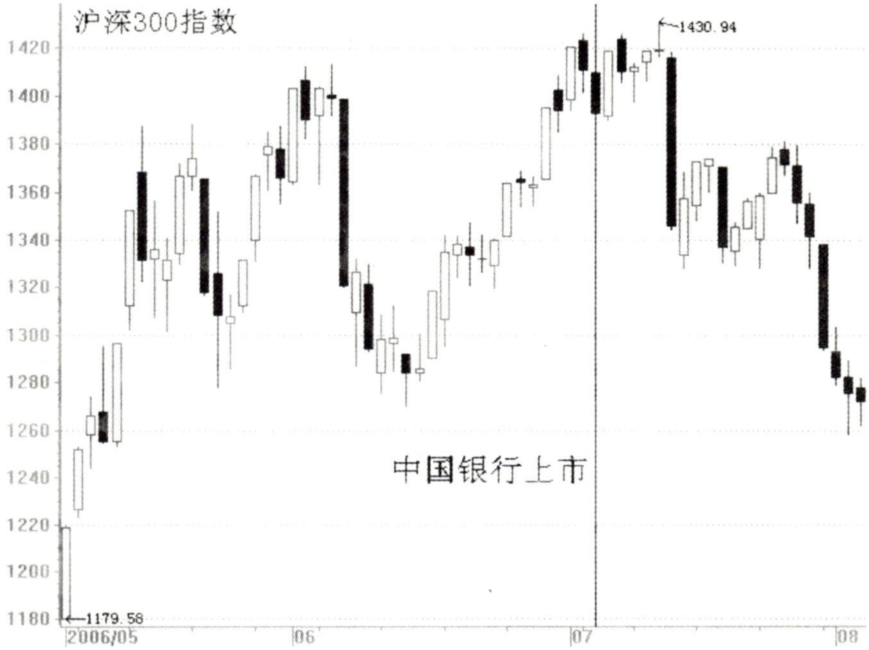

2006 年 7 月 5 日，超级巨无霸中国银行上市，立即计入上证指数。当天，中国银行以 3.99 元（较发行价 3.08 元上涨 29.55%）大幅高开，带领上证综指高开 73 点，上证指数最终报收 1718.56 点，上涨 37 点。

虽然上证指数收高，但事实上，当天沪市上涨的个股只有 250 只，下跌个股达 581 只，167 只平盘报收。

据测算，在当时，中国银行每波动 1 分钱，上证综指将同向波动 0.82 ~ 1.0 个点。因此，在扣除中国银行的虚涨因素后，7 月 5 日上证指数实际下跌 21.19 点，而非大涨 37 点。

与此形成对照的是，沪深 300 指数并没有急于将中国银行计入指数，7 月 5 日，沪深 300 指数下跌 18 点，保持了股指走势的稳定性和真实性。

现在，上证所也认识到了新股上市当天计入指数带来的指数虚增问题。为此，以 2007 年 1 月 9 日开始，上证所对指数规则作出了重大调整，新股统一由上市第 11 个交易日开始计入指数，当日上市的中国人寿成为新政后的首个“试验品”。

第七章　影响股指期货走势的核心因素

——权重股和权重板块

股票市场是“经济的晴雨表”，股票市场的走势反映着国民经济的波动。股指期货以股票指数为标的，与股票指数受到相同的宏观基本面的影响，同样是经济的晴雨表。

另外，由于股指期货对股票现货指数具有价格发现功能，对于国民经济的长期趋势，反而有可能作出更加提前的反映。

虽然股指期货的走势受制于国民经济的波动，但由于股票指数由上市公司的股价组成，因此，最终是上市公司股价的整体波动，形成了股票指数的走势。具体到沪深300指数的走势来看，是由300家成分股的股价走势综合决定的。

第一节　“二八”现象

下页图为上证指数2006年下半年（至2006年11月8日）的走势图，从图中可以看出，上证指数气贯如虹，一路上扬。

按照常理，指数涨了这么多了，广大的股民朋友应该是赚钱赚得眉开眼笑了吧？但事实却不尽然。

某网站对股民朋友做了如下的一项调查：

调查题目：2006年“十一”以来沪指涨15%，你手中个股盈亏情况

截至2006年11月20日，调查结果如下页表：

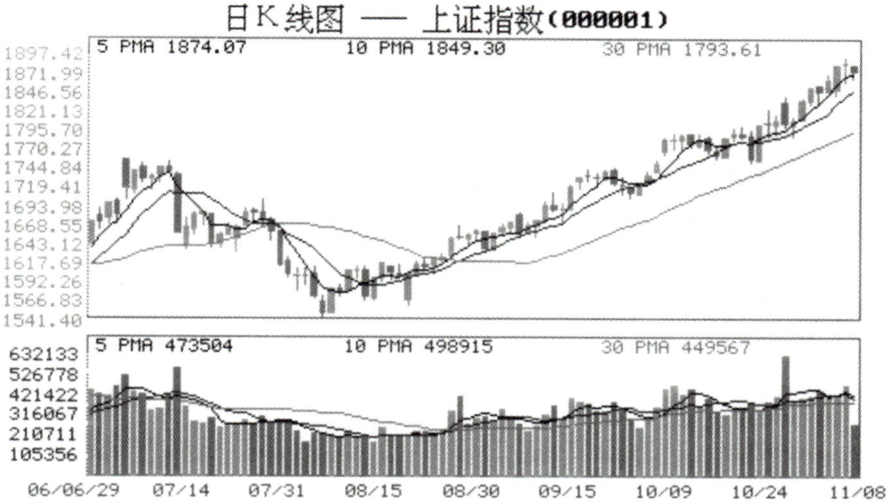

赚 20% 以上	10.0%
赚 10% ~20%	8.0%
赚 0% ~10%	14.0%
赔 0% ~10%	15.0%
赔 10% ~20%	19.0%
赔 20% 以上	31.0%

由以上统计清晰可见，这波大盘的强劲上涨，对于股民朋友是典型的“赚了指数不赚钱”行情。事实上，应该是“不是不赚钱”，而是“亏了钱”。

根据统计：自 2006 年 10 月 24 日沪市一举突破 1800 点的重要关口以来，至 11 月 7 日的 11 个交易日中，大盘不断创出 5 年多来的新高，上证综指累计涨幅达到 7.40%，而在此期间跑赢大盘的个股只有 209 只，占到在交易的 1361 只 A 股的 15.36%。

自 10 月 24 日至 11 月 7 日，有 745 只个股不仅没有跟随大盘上涨，反而出现下跌，达到 37.22%，在这期间跌幅超过 20% 的个股有 5 只之多。另外，还有 407 只个股虽然没有下跌或有上涨，但涨幅小于大盘。

这就是大家常说的少数股票上涨多数股票下跌的“二八”现象。

从市场统计数据来看，股指的上涨更多是由于大盘蓝筹股与指标股的带动，权重股获得了主流资金的青睐。自10月24日上证综指突破1800点至11月7日，总市值大于100亿元的大盘股总体表现良好，有19只大盘股涨幅超过20%，如宝钢股份涨了33.57%、鞍钢股份涨了30.97%，而同期跌幅前20位个股中没有一只是总市值大于100亿元的大盘股。

这一现象的出现，绝对不是偶然的，显示中国A股市场格局正在发生重大变化，"二八"现象有可能会成为今后股市的常态。

这种"二八"现象的出现，与股指期货的推出有关。沪深300指数期货的推出，推动了中国股市的蓝筹投资时代的真正来临。因为：

（1）在股指期货上，不论做多或做空，其先决条件是：锁定一定数量的对沪深300指数的涨跌有重要的影响作用的权重股的筹码。只有充分锁定了这些权重股的筹码，拉升或打压沪深300指数才有可能取得不错的效果。控制筹码的多少，许多时候就意味着，在股指期货这个可以多空双向互博的投资品种中，取得多少的话语权。

（2）沪深300指数权重股是打通现货市场和期货市场的战略筹码，不管是股指期货的套利者还是套期保值者，都将从持有成分股中受益。

（3）随着融资融券业务的推出，大盘蓝筹股由于基本面好、市值较大、流动性较强且股价难以被操纵，是最有可能成为融资融券交易标的证券的。

所有这些，都引发了权重股的一轮"价值重估"。

因此，随着股指期货的推出日期的日益临近，为了备战股指期货，市场主力开始抛掉小市值的股票，大举介入权重股；而随着权重股的上涨并成为市场的热点，吸引了更多的资金抛出小市值股票并买入权重股，才出现了市场的"二八"现象。

第二节　盯紧权重股

下页图为2006年4～5月间，五粮液（000858）的走势图。在一个半月的时间内，五粮液涨了近1.5倍。

同期，从上市的2006年4月3日算起，五粮液认购权证——五粮YGC1（030002）涨了10倍。

五粮液（000858）的走势图

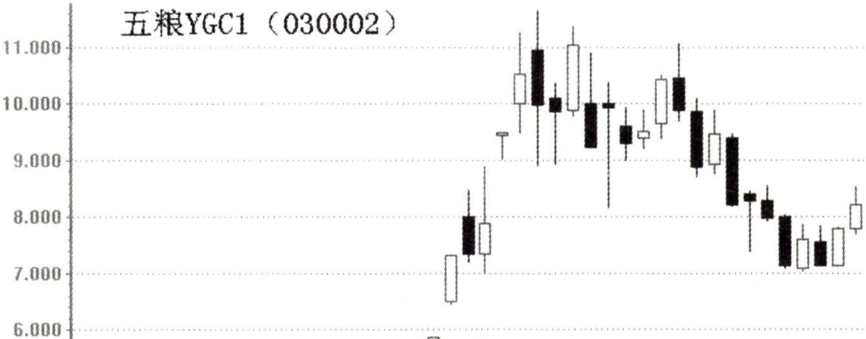

五粮液认购权证——五粮 YGC1（030002）的走势图

由于五粮液认购权证的走势与五粮液正股密切相关，因此机构通过炒作五粮液股票，同时在五粮液的认购权证上也赚了个盆满钵满。

尤其是在4月28日、5月8日与5月9日，五粮液连拉了三个涨停。而在五粮液涨停的这三天内，五粮液认购权证分别暴涨了22.76%、29.13%和24.81%。

将来炒股指期货，沪深300指数中的权重股与沪深300指数进而与300指数期货合约间，也会有这种协同效应。

市场主力完全可以通过打压或拉抬沪深300指数中的权重股，在股指期货合约上赚钱。要知道，通过杠杆，股指期货是将资金放大10倍的，主力在权重股上的拉抬成本或损失，完全可以通过在股指期货上的赢利弥补并赚到钱。

因此，在研究沪深300指数走势的时候，要特别关注成分股中权重靠前的股票的走势，它们的价格变动对沪深300指数的走势有着极其重要的影响。

以2007年3月15日收市后，沪深300指数的收盘价2645.55点为例（下同），前十大权重股所占权重高达22.65%，如下表：

股票代码	股票名称	当时股价（元）	总股本（万股）	流通A股（万股）	指数权重（%）
600016	民生银行	11.19	1 016 711	611 353	3.27
600036	招商银行	15.80	1 470 326	470 963	3.13
600030	中信证券	41.54	298 150	171 457	3.09
000002	万科A	16.00	436 990	325 425	2.4
600019	宝钢股份	9.00	1 751 200	472 994	1.95
601398	工商银行	4.95	33 401 884	918 078	1.89
600050	中国联通	5.13	2 119 660	832 000	1.81
601318	中国平安	44.96	734 505	57 500	1.8
600000	浦发银行	24.11	435 488	133 226	1.67
600900	长江电力	12.15	818 674	323 739	1.64

合计占22.65%

第 11 至第 20 权重股所占权重为 12.15%，如下表：

股票代码	股票名称	当时股价（元）	总股本（万股）	流通 A 股（万股）	指数权重（%）
600519	贵州茅台	97.42	94 380	30 232	1.51
600018	上港集团	8.13	2 099 069	242 171	1.42
600028	中国石化	8.74	8 670 244	358 400	1.30
601006	大秦铁路	11.96	1 297 676	212 123	1.28
600009	上海机场	25.09	192 696	99 713	1.18
000001	S 深发展 A	18.37	194 582	140 936	1.17
000063	中兴通讯	45.50	95 952	48 711	1.08
000858	五 粮 液	24.45	271 140	89 362	1.07
600005	武钢股份	8.87	783 800	237 000	1.07
601988	中国银行	4.98	25 383 916	520 779	1.07

合计占 12.15%

第 21 至第 30 权重股所占权重为 7.61%，如下表：

股票代码	股票名称	当时股价（元）	总股本（万股）	流通 A 股（万股）	指数权重（%）
600104	上海汽车	12.98	655 103	148 075	1.04
002024	苏宁电器	62.48	72 075	29 420	0.91
601628	中国人寿	32.48	2 826 471	60 000	0.80
000898	鞍钢股份	12.35	593 299	94 245	0.78
000039	中集集团	23.79	221 866	66 577	0.71
600320	振华港机	14.18	308 184	108 855	0.70
600583	海油工程	35.60	79 200	39 630	0.69
000793	华闻传媒	12.04	136 013	116 942	0.68
600015	华夏银行	9.79	420 000	156 000	0.68
600309	烟台万华	31.14	118 810	45 940	0.62

合计占 7.61%

总计，前30大权重成分股合计占沪深300指数权重高达42.41%。

事实上，在海外市场上，主力通过拉抬打压权重股在股指期货上牟利已是主力驾轻就熟的手法了。

2001年8月，机构投资者操纵在香港上市的中联通（0762.HK）和中移动（0941.HK）这两大恒生指数的权重股，在恒生指数期货上获得巨大的超额利润，就是一件经典案例。

在这个过程中，机构投资者通过“将欲空之，必先捧之”的原则，先是吹捧中联通的业绩，快速推高股价。然后，借中移动中报业绩增长放缓及小灵通话费优惠的消息，卖空中移动，同时卖空高估的中联通股票。在打压这两大恒生指数权重股的同时，机构在恒生指数期货合约上做空。

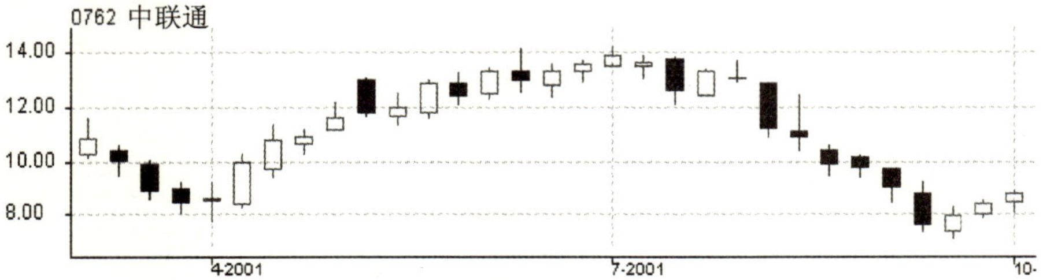

中联通从2001年4月初的7.75港元涨到2001年7月的14.20港元，大涨83.2%；之后，中联通从2001年7月初的14.20港元跌到2001年9月中旬的7.15港元，暴跌49.5%。

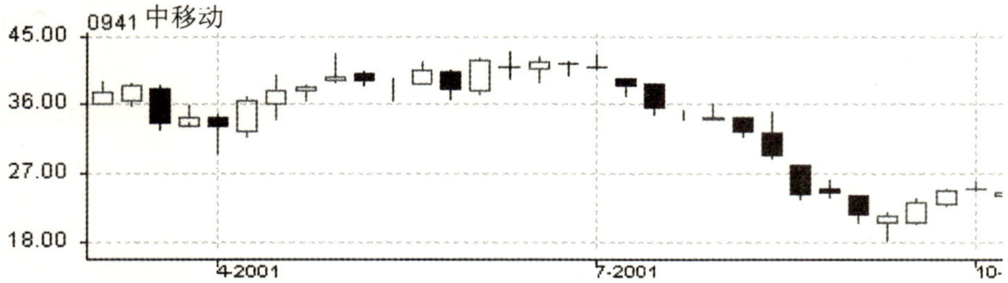

中移动从2001年4月初的29.6港元涨到2001年7月的42.5港元，涨43.5%；之后，中移动从2001年7月初的42.5元跌到2001年9月中旬的18.15元，暴跌57.3%。

当时，中移动和中联通在恒生指数占有将近30%的权重，它们的大跌致使恒生指数期货在 11 个交易日内下跌了 7.5%，也即 902 点。

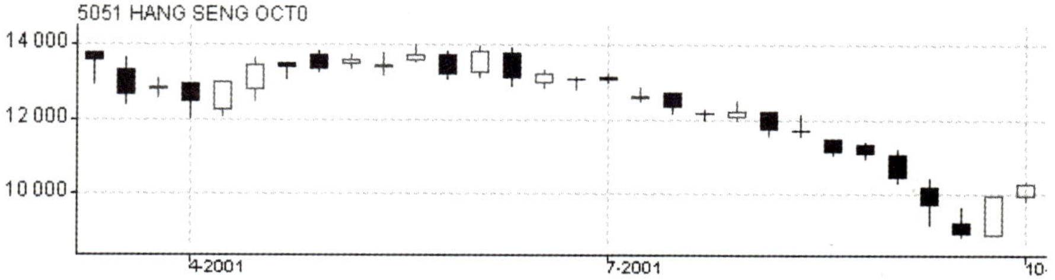

上图显示，随着中联通和中移动的大幅涨跌，恒生指数也出现了相应的波动，从 4 月初的 12 050 点涨升到 14 000 点，再暴跌到 8 890 点。

恒生指数期货合约的每点价值 50 港币，按当时 14 262 份空头未平仓合约简单计算，这期间空头在股指期货上获利超过了 6 亿港币，“四两拨千斤”在这里得到了淋漓尽致的体现。

第三节　看死权重板块

所谓“独木不成林”，拉抬打压某几只权重股，对沪深 300 指数的影响力毕竟有限。但如果通过拉抬打压某些股，带动相关联动的板块，则整个板块的涨跌对指数的影响就要大得多了。

从上面的发生在香港恒生指数期货的炒作例子来看，中联通和中移动之所以会同涨同跌，是因为它们都是来自大陆的电信股，并且同时以移动电话业务为主，属于同一板块。

不看不知道，一看吓一跳。沪深 300 指数的某些权重板块对沪深指数的影响力大得惊人。

注意：在下面的统计分析中，我基本上是对板块或重要个股的重要基本面或技术走势点到为止，并不作过多的分析。因为影响个股走势的基本面或技术面不但复杂，而且随时在变化，而这些不是本书关注的重点。

第一大权重板块：银行板块（或金融板块）

股票代码	股票名称	当时股价（元）	总股本（万股）	流通 A 股（万股）	指数权重（%）
600016	民生银行	11.19	1 016 711	611 353	3.27
600036	招商银行	15.80	1 470 326	470 963	3.13
601398	工商银行	4.95	33 401 884	918 078	1.89
600000	浦发银行	24.11	435 488	133 226	1.67
000001	S 深发展 A	18.37	194 582	140 936	1.17
601988	中国银行	4.98	25 383 916	520 779	1.07
600015	华夏银行	9.79	420 000	156 000	0.68
601166	兴业银行	24.11	500 000	45 075	0.45

合计占 13.33%

银行板块有几个明显的特点：

（1）板块中的个股数量少，也就是那么屈指可数的几只；

（2）板块中的个股都是大盘蓝筹股，适合大资金在期间的运作，并且每只个股对指数的影响力都比较大；

（3）相关个股联动性明显。

事实上也是，各家银行股的名称中都有“银行”二字（S 深发展 A 除外），仅从各家银行股的名称就可以明显地看出银行板块的个股有哪些。因此，拉动或打压一只银行股，经常就可以带动板块的联动。

2006 年下半年，银行股出现了大涨，银行板块的个股的股性完全被激活了。一些曾经股性呆滞的银行股，竟然也可以放量打涨停。

如 10 月 9 日，民生银行和浦发银行同时涨停，评论用“银行股暴动”来对这一事件进行评说。

根据现有公开资料，南京商业银行、宁波商业银行、光大银行和中信银行都有意或在 2007 年上半年上市。这些银行股都是大盘股，上市后，将很快会被计入沪深 300 指数，这样的话，银行板块在沪深 300 指数中的权重会更大，银行板块对指数的影响力就更是了不得了。

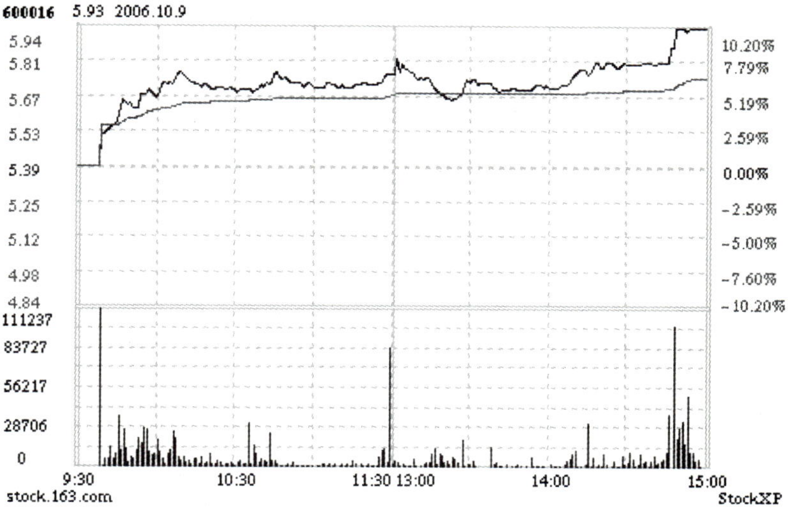

2006 年 10 月 9 日，民生银行涨停

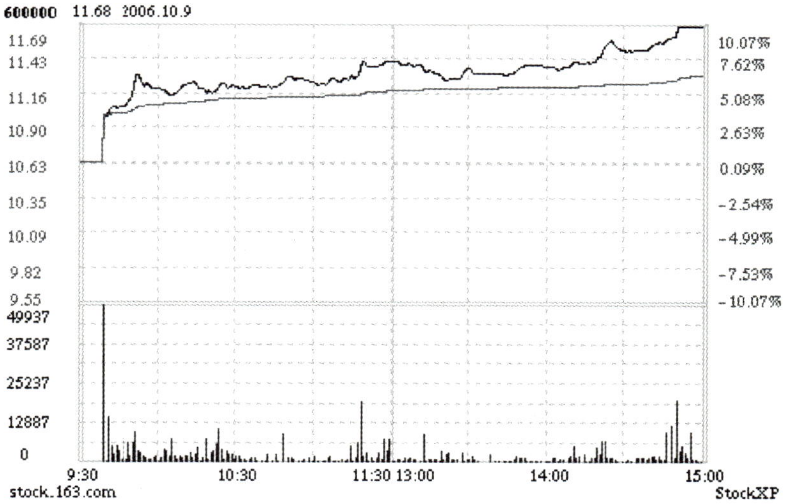

2006 年 10 月 9 日，浦发银行涨停

可以预料，在沪深300指数期货的多空争夺中，银行板块将是重点关注的板块。

事实上，不单是在中国，从全球范围看，成熟市场中金融股几乎没有例外地都是市场的龙头和中坚，在指数中更是位高权重。香港恒生指数最突出，7 只金融股的合计权重达到 35.2%，其中 6 只银行股合计权重高达 34%，单汇丰控股一只股票的权重就达到 23%。在日本，以三菱东京金融集团为首的金融股，在 TOPIX 指数的权重达 17.65%。在欧洲，法国 CAC40 指数中包括巴黎银行在内的四只银行股权重达到 18%，高于任何其他行业；德国 DAX30 指数中包括银行和保险在内的金融股权重达到 27.41%。在美国，标准普尔 500 指数中金融股（包括房地产信托类股票）权重达到 22%，高于其他行业。

银行业属于金融业，如果我们将银行板块放入金融板块中，那么金融板块就是沪深 300 指数中的第一大权重板块。

除了银行板块外，金融板块可以分为券商板块和保险板块。

目前，沪深 300 指数中的券商个股及对指数的影响，列表如下：

股票代码	股票名称	当时股价（元）	总股本（万股）	流通 A 股（万股）	指数权重（%）
600030	中信证券	41.54	298 150	171 457	3.09
000562	宏源证券	22.44	146 120	31 997	0.42
600643	S 爱建	12.58	46 069	30 835	0.17

合计占 3.68%

中信证券是沪深 300 指数中的十大权重股之一。现在，上市成为券商经营的必走之路，将来随着上市券商的数量的不断增多，这一板块的影响力将会更大。

目前，已有广发证券借壳 S 延边路（000776）、国金证券借壳 S 成建投（600109）、首创证券借壳 S 前锋（600733）和国元证券借壳 S 京化二（000728），以及都市股份（600837）吸收合并海通证券等的运作也已明朗。可以相信，随着沪深 300 指数成分股的调整，这些资本实力雄厚的券商股都会进入沪深 300 指数中。

此外，沪深 300 指数中有两只权重保险股，它们对指数的影响，列表如下：

股票代码	股票名称	当时股价（元）	总股本（万股）	流通 A 股（万股）	指数权重（%）
601318	中国平安	44.96	734 505	57 500	1.8

（续表）

股票代码	股票名称	当时股价（元）	总股本（万股）	流通 A 股（万股）	指数权重（%）
601628	中国人寿	32.48	2 826 471	60 000	0.8

合计占 2.6%

继中国人寿和中国平安之后，国内将掀起保险公司上市潮。据悉，目前包括太平洋保险集团和中国再保险集团在内的保险航母，都已在着手准备在 A 股上市。那么，保险板块对沪深 300 指数的影响力将更为强化。

第二大权重板块：钢铁板块

股票代码	股票名称	当时股价（元）	总股本（万股）	流通 A 股（万股）	指数权重（%）
600019	宝钢股份	9.00	1 751 200	472 994	1.95
600005	武钢股份	8.87	783 800	237 000	1.07
000898	鞍钢股份	12.35	593 299	94 245	0.78
000825	太钢不锈	16.58	266 040	78 390	0.55
600010	包钢股份	5.47	339 059	184 478	0.46
600001	邯郸钢铁	6.35	279 144	142 351	0.45
000629	新 钢 钒	6.54	254 835	138 146	0.42
000709	唐钢股份	7.84	226 630	109 377	0.36
000932	华菱管线	6.78	219 594	88 056	0.3
000778	新兴铸管	8.58	111 223	60 111	0.24
600808	马钢股份	6.20	645 530	80 400	0.24
600022	济南钢铁	11.19	112 800	34 320	0.21
600569	安阳钢铁	5.01	201 824	95 475	0.21
000717	韶钢松山	5.99	134 112	73 552	0.2
600102	莱钢股份	13.91	92 227	22 308	0.15
600282	南钢股份	6.76	93 600	39 600	0.13
600307	酒钢宏兴	7.31	87 360	31 680	0.11

（续表）

股票代码	股票名称	当时股价（元）	总股本（万股）	流通 A 股（万股）	指数权重（%）
600117	西宁特钢	6.37	69 317	29 734	0.09
000708	大冶特钢	10.07	44 941	16 818	0.07
000761	本钢板材	8.26	313 600	16 077	0.05

合计占 8.04%

钢铁板块的鲜明特点有：

（1）板块中的个股数量众多；

（2）板块中的许多个股都是大盘蓝筹股，对指数的影响力都比较大；

（3）相关个股联动性明显。

同银行股一样，许多钢铁股的名称中都有“钢铁”二字，仅从各家钢铁股的名称就可以明显地看出钢铁板块的个股。因此，拉动或打压某只或某些钢铁股，经常就可以带动板块的联动。

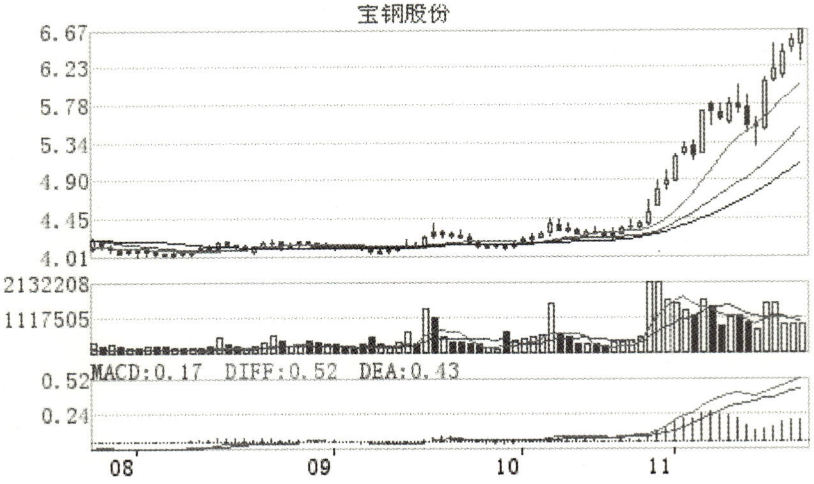

2006 年 11 月 6 日，宝钢股份封住涨停，震惊了整个市场

2006 年下半年，钢铁板块出现了大涨，钢铁板块的个股的股性的激活，为今后的炒作做了很好的预演。

第三大权重板块：地产板块

股票代码	股票名称	当时股价（元）	总股本（万股）	流通A股（万股）	指数权重（%）
000002	万 科 A	16.00	436 990	325 425	2.4
000069	华侨城 A	20.97	111 121	48 987	0.45
000402	金 融 街	14.92	107 845	65 194	0.45
600048	保利地产	54.89	55 000	15 000	0.34
000024	招商地产	28.51	61 882	24 502	0.33
600383	金地集团	16.94	66 600	42 750	0.32
600663	陆家嘴	16.56	186 768	29 035	0.27
600895	张江高科	11.06	121 567	58 249	0.27
600675	中华企业	13.07	69 746	44 520	0.26
000009	S 深宝安 A	6.78	95 881	57 953	0.19
000031	中粮地产	12.76	69 945	30 873	0.18
600748	上实发展	15.57	58 754	20 720	0.17
600639	浦东金桥	14.10	84 439	22 694	0.14
600256	广汇股份	9.90	86 606	30 600	0.14
000029	深深房 A	6.94	101 166	26 938	0.1

合计占 5.91%

2005 年末，在电视节目中，我指出，2006 年我最看好房地产板块。事实上，在 2006 年，受惠于人民币的升值，房地产板块被反复炒作，持续上扬，成为当年最耀眼的明星板块。

作为深圳最早上市的公司之一，万科经营稳健，业绩持续增长，在股民中享有非常好的口碑。经过历年的分红送配，复权计算，万科目前的股价高达 500 元以上，是从来没有套死过股民的公司之一。

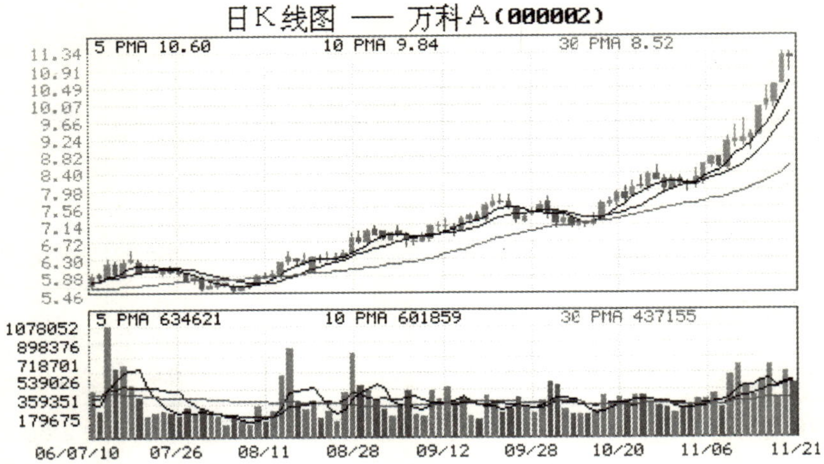

地产股龙头万科 A（000002）2006 年走势图

第四大权重板块：能源电力板块

股票代码	股票名称	当时股价（元）	总股本（万股）	流通 A 股（万股）	指数权重（%）
600900	长江电力	12.15	818 674	323 739	1.64
600642	申能股份	11.03	288 963	136 845	0.61
600795	国电电力	10.18	243 592	94 421	0.41
600868	梅雁水电	4.22	189 815	160 104	0.33
000539	粤电力 A	10.08	265 940	74 875	0.31
600098	广州控股	8.72	205 920	67 968	0.29
000027	深能源 A	11.65	120 250	55 179	0.29
600886	国投电力	12.35	81 349	45 441	0.25
600011	华能国际	8.18	1 205 538	65 000	0.22
600027	华电国际	5.12	602 108	73 970	0.19
000767	漳泽电力	7.85	132 373	40 148	0.17
000875	吉电股份	5.07	77 910	64 610	0.17
600068	葛洲坝	5.46	105 160	69 160	0.16

（续表）

股票代码	股票名称	当时股价（元）	总股本（万股）	流通 A 股（万股）	指数权重（%）
600236	桂冠电力	9.77	136 503	37 622	0.16
000601	韶能股份	5.29	84 141	58 543	0.13
600021	上海电力	6.68	156 351	31 680	0.13
600863	内蒙华电	5.14	198 122	53 387	0.13

合计占 5.59%

虽然能源电力板块的股票众多，但相对来讲，该板块个股并不是特别活跃，板块上也没有大的涨跌动作，大多数情况下是随大盘逐流。也许在将来，这一板块会变得活络，那么该板块对沪深 300 指数的影响将不可小视。

长江电力是整个能源电力板块的龙头。2003 年 11 月前，长江电力上市前夕，股市一路下行。

当时，我刚刚登上宁夏卫视的证券节目作证券分析。在节目中，我大胆地提前指出“长江电力上市前后大行情启动”的观点。

长江电力上市后走势图

事实上，长江电力上市后，一路上行，涨幅高达近75%，随着长江电力的上行，大盘从底部出现逆转，走出一波上升行情。

2003年末，上证指数随长江电力的上行走出一波上涨行情

在这波行情中，我不但完整地把握了上证1307～1783点的波段大行情，并且点出了在行情中涨了一倍的大盘牛股张江高科（600895），一战成名。

权重股的走势不但会影响指数，同时对人气的影响也是巨大的，以上的例子可以为证。

在我的证券生涯中，我曾无数次地给股民朋友推荐过牛股，如连续涨停的青松建化（600425）等。但就个股来讲，2003年底的张江高科给许多股民朋友的印象非常之深刻，主要原因就在于，张江高科是只大盘股，能够从头至尾地把握住一只大盘股的达一倍的上涨走势，这种震撼力是小盘股的狂涨所不能比拟的。

事实上，在向股民朋友送出张江高科的同时，我也向股民朋友们多次推荐过士兰微（600460）。虽然士兰微在与张江高科同时启动的一波上涨行情中从16元涨到了48元，涨幅远远超过了张江高科，但由于士兰微当时的流通盘仅2600万，论影响力，这种小盘股的上涨根本没法和张江高科的翻番行情相提并论。

不单是大盘股，其实能够向股民朋友们推荐一个板块，让股民朋友们通过买这个板块中的众多个股中的一两只赚到钱，这种影响力也是惊人的。在2005年中，我就送出过新能源板块中的八只股票，结果其中的四只翻番，其他的也是涨幅不俗，因此在股民中的反响也是异常强烈。

其他板块

以下的板块，权重相比较而言要小一些，有时板块间个股的联动性也差，因此对沪深300指数的影响力相对以上四大权重板块来讲，就要小一些。

科技股板块

股票代码	股票名称	当时股价（元）	总股本（万股）	流通A股（万股）	指数权重（%）
600050	中国联通	5.13	2 119 660	832 000	1.81
000063	中兴通讯	45.50	95 952	48 711	1.08
600100	同方股份	26.61	57 461	38 463	0.45
000839	中信国安	24.86	78 000	33 496	0.41
600143	金发科技	66.28	31 850	13 432	0.40
600601	方正科技	6.49	124 126	124 126	0.34
600879	火箭股份	19.08	49 138	36 780	0.31
600183	生益科技	10.73	95 702	60 370	0.3
600797	浙大网新	10.16	81 304	63 420	0.28
600588	用友软件	40.64	22 464	13 619	0.26
600271	航天信息	46.46	30 780	10 135	0.24
600718	东软股份	33.16	28 145	14 157	0.23
000503	海虹控股	11.69	74 902	39 229	0.22
600198	大唐电信	19.90	43 899	22 160	0.22

（续表）

股票代码	股票名称	当时股价（元）	总股本（万股）	流通A股（万股）	指数权重（%）
000021	长城开发	13.46	87 952	31 168	0.2
000581	威孚高科	11.41	56 728	32 842	0.17
000970	中科三环	13.89	50 760	29 030	0.17
000682	东方电子	4.88	97 816	73 935	0.16
002008	大族激光	24.91	24 079	12 725	0.15
600747	大显股份	4.84	106 433	64 560	0.14
000012	南 玻 A	13.58	101 546	21 768	0.13
000636	风华高科	7.58	67 097	36 130	0.13
600770	综艺股份	16.56	27 000	17 415	0.13
600171	上海贝岭	8.05	61 255	35 819	0.12
000969	安泰科技	14.34	40 115	18 450	0.11
000725	京东方 A	4.98	287 157	39 581	0.11
600410	华胜天成	35.27	18 330	5 990	0.1
600460	士兰微	11.94	40 408	19 672	0.1
600602	广电电子	5.08	106 631	47 894	0.1
000997	新 大 陆	10.30	37 700	18 682	0.1
000066	长城电脑	8.22	45 849	23 908	0.09
600110	中科英华	11.41	33 412	16 934	0.09
600498	烽火通信	10.31	41 000	17 941	0.09
000068	S 三 星	7.20	78 597	22 500	0.07
600073	上海梅林	10.70	32 400	15 960	0.07
002052	同洲电子	33.31	11 297	2 860	0.04
600627	上电股份	20.24	51 797	5 100	0.04

合计占9.16%

细心的读者朋友们会发现，在这个统计中，科技股板块在沪深 300 指数中的总权重高达 9.16%，其权重甚至超过了我上面提到的钢铁板块、地产板块和能源电力板块。

2000 年前后，网络股和科技股火爆的时候，科技股板块是市场最大的人气所在。但自从网络泡沫被挤破之后，科技股在市场的号召力已大不如前。同时，由于科技股板块的个股众多，各类科技股的关联程度也是混杂异常，因此我还是没有将其列为前四大权重板块之中。

值得一提的是，其中的中国联通是权重较大的一只股票，随着今后超级大盘股中国移动和中国电信的上市，这三只电信股的联动应该会对沪深 300 指数的涨跌产生相当大的影响力。

石化板块

股票代码	股票名称	当时股价（元）	总股本（万股）	流通 A 股（万股）	指数权重（%）
600028	中国石化	8.74	8 670 244	358 400	1.3
600688	S 上石化	8.26	720 000	72 000	0.33
000698	沈阳化工	8.13	42 241	25 266	0.08
600871	S 仪化	6.83	400 000	20 000	0.05

合计占 1.76%

2005 年底至 2006 年初，中石油对三只下属的控股石化股进行了私有化。随着这三只石化股的摘牌，石化板块在市场的影响是日渐式微了。

但需要注意的是，作为世界 500 强之一的中国石化，在沪深 300 指数中所占权重不可小视。

另外，石油化工行业的另一只巨无霸——世界 500 强企业之一的中国石油即将回归 A 股市场，将强化石化这一板块对沪深 300 指数的影响力。

酒类（白酒）板块

股票代码	股票名称	当时股价（元）	总股本（万股）	流通A股（万股）	指数权重（%）
600519	贵州茅台	97.42	94 380	30 232	1.51
000858	五 粮 液	24.45	271 140	89 362	1.07
000568	泸州老窖	30.03	87 140	37 500	0.5
600779	水井坊	14.00	48 855	29 357	0.2
600809	山西汾酒	33.54	43 292	10 199	0.18

合计占3.46%

以上是白酒板块中的“五朵金花”，这五只股在历史上都有惊人的表现。此外，还有如下的几只酒类股票是沪深300指数中的成分股：

股票代码	股票名称	当时股价（元）	总股本（万股）	流通A股（万股）	指数权重（%）
000729	燕京啤酒	12.35	110 022	48 215	0.28
000869	张 裕 A	57.99	52 728	8 307	0.25
600132	重庆啤酒	47.38	28 637	10 807	0.22
600600	青岛啤酒	17.04	130 822	23 576	0.19

合计占0.94%

机场、高速公路和港口等基础设施板块

股票代码	股票名称	当时股价（元）	总股本（万股）	流通A股（万股）	指数权重（%）
600018	上港集团	8.13	2 099 069	242 171	1.42
600009	上海机场	25.09	192 696	99 713	1.18
600717	天津港	14.23	144 884	72326	0.43
000088	盐 田 港	13.81	124 500	40 592	0.28
000089	深圳机场	9.10	143 968	65 288	0.27
600004	白云机场	12.75	100 000	49 696	0.27

（续表）

股票代码	股票名称	当时股价（元）	总股本（万股）	流通 A 股（万股）	指数权重（%）
600269	赣粤高速	11.18	116 767	55 692	0.25
600350	山东高速	6.71	336 380	66 660	0.18
600020	中原高速	6.29	157 500	54 936	0.16
600033	福建高速	6.76	147 960	54 000	0.16
000022	深赤湾 A	20.45	64 476	9 394	0.12
600012	皖通高速	7.99	165 861	30 000	0.11
600190	锦州港	6.10	105 549	31 782	0.09
600548	深高速	7.44	218 070	21 780	0.09
600035	楚天高速	6.04	93 165	34 020	0.09
600377	宁沪高速	6.71	503 775	19 800	0.05

合计占 5.15%

这个板块的个股大多走势平稳，但也会冷不丁冒出黑马。

商业板块

股票代码	股票名称	当时股价（元）	总股本（万股）	流通 A 股（万股）	指数权重（%）
002024	苏宁电器	62.48	72 075	29 420	0.91
600694	大商股份	36.66	29 372	21 130	0.35
600616	第一食品	21.26	36 556	24 957	0.23
600631	百联股份	12.71	110 103	42 506	0.23
600628	新世界	12.99	53 180	33 859	0.2
600415	小商品城	73.94	12 497	5 736	0.19
600361	华联综超	21.62	32 649	15 990	0.17
600655	豫园商城	16.83	46 533	16 399	0.13

合计占 2.41%

作为深市中小板中为数不多的沪深 300 指数成分股，历史上苏宁电器的走势异常强劲，对沪深300指数的影响也较大。

有色金属板块

股票代码	股票名称	当时股价（元）	总股本（万股）	流通A股（万股）	指数权重（%）
000060	中金岭南	24.35	66 480	39 260	0.40
600497	驰宏锌锗	94.99	19 500	8 890	0.39
600456	宝钛股份	46.29	40 662	13 941	0.29
600331	宏达股份	22.87	41 600	25 037	0.27
000630	铜都铜业	10.08	86 436	55 751	0.26
000878	云南铜业	16.50	125 669	36 494	0.26
000751	锌业股份	9.25	111 013	57 606	0.25
000960	锡业股份	19.40	53 686	25 711	0.22
600205	S山东铝	25.41	67 200	19 200	0.21
600362	江西铜业	16.39	289 504	28 060	0.21
600296	S兰铝	14.61	54 233	30 182	0.20
600357	承德钒钛	8.22	98 067	54 186	0.20
000807	云铝股份	16.35	54 600	26 519	0.18
600489	中金黄金	30.18	28 000	12 800	0.18
600432	吉恩镍业	33.74	22 800	11 211	0.16
600549	厦门钨业	23.46	52 460	15 480	0.15
600547	山东黄金	41.99	16 000	7 500	0.14
600472	包头铝业	14.50	43 100	21 524	0.13
000962	东方钽业	11.54	35 640	18 813	0.10

合计占4.2%

2006年上半年，有色金属板块的暴涨，是整个市场的人气板块，随着国际金属价格从高位的下滑，该板块也随之沉沦。

也许该板块会有卷土重来的那一天吧。

交通运输业

股票代码	股票名称	当时股价（元）	总股本（万股）	流通 A 股（万股）	指数权重（%）
601006	大秦铁路	11.96	1 297 676	212 123	1.28
601111	中国国航	7.15	1 225 136	128 900	0.47
600026	中海发展	13.11	332 600	45 150	0.33
600029	S 南航	6.25	437 418	100 000	0.33
600428	中远航运	18.60	65 520	32 676	0.25
600270	外运发展	14.01	90 548	29 501	0.21
600125	铁龙物流	10.83	59 761	39 887	0.19
600741	巴士股份	6.08	94 395	56 784	0.16
600087	南京水运	10.62	51 616	35 112	0.16
600221	海南航空	5.36	353 025	49 470	0.15
600662	强生控股	7.55	62 580	33 488	0.13
600591	上海航空	4.71	108 150	62 765	0.12
600834	申通地铁	8.76	47 738	17 600	0.07

合计占 3.85%

受惠于人民币升值的预期，以及油价的下跌，该板块中的航空股在 2006 年走势强劲。

汽车板块

股票代码	股票名称	当时股价（元）	总股本（万股）	流通 A 股（万股）	指数权重（%）
600104	上海汽车	12.98	655 103	148 075	1.04
000625	长安汽车	14.10	162 085	46 256	0.28
600418	江淮汽车	8.25	91 395	65 835	0.25
000800	一汽轿车	7.52	162 750	72 613	0.24
000927	一汽夏利	10.38	159 517	32 613	0.2

（续表）

股票代码	股票名称	当时股价（元）	总股本（万股）	流通 A 股（万股）	指数权重（%）
600006	东风汽车	5.63	200 000	79 800	0.18
600066	宇通客车	15.48	39 992	26 462	0.18
000550	江铃汽车	12.98	86 321	20 168	0.11

合计占 2.48%

汽车是国民经济中重要的支柱产业，汽车板块在将来对沪深 300 指数的影响力值得关注。

家电板块

股票代码	股票名称	当时股价（元）	总股本（万股）	流通 A 股（万股）	指数权重（%）
000527	美的电器	28.85	63 036	41 612	0.54
600690	青岛海尔	10.76	119 647	74 233	0.36
000651	格力电器	16.90	80 541	40 549	0.34
600839	四川长虹	6.03	189 821	127 488	0.33
000100	TCL 集团	4.24	258 633	124 291	0.23
600637	广电信息	6.76	64 442	37 225	0.11
600060	海信电器	8.99	49 377	25 480	0.11

合计占 1.91%

家电业似乎已经过了其高速成长期，股市曾经的龙头四川长虹等已风光不再。

工程机械板块

股票代码	股票名称	当时股价（元）	总股本（万股）	流通 A 股（万股）	指数权重（%）
600031	三一重工	41.10	48 000	17 294	0.33

（续表）

股票代码	股票名称	当时股价（元）	总股本（万股）	流通A股（万股）	指数权重（%）
000157	中联重科	25.31	50 700	22 308	0.27
000528	柳　　工	20.17	47 246	26 282	0.23
000680	山推股份	10.35	57 710	45 247	0.2
000425	徐工科技	15.90	54 509	28 189	0.2

合计占1.23%

2006年，该板块涨势喜人，围绕外资对徐工的并购，也是新闻不断。

煤炭板块

股票代码	股票名称	当时股价（元）	总股本（万股）	流通A股（万股）	指数权重（%）
000983	西山煤电	14.17	121 200	56 621	0.36
600188	兖州煤业	8.96	491 840	36 000	0.22
000933	神火股份	14.93	50 000	31 160	0.21
600123	兰花科创	21.09	40 800	20 576	0.21
600348	国阳新能	18.24	48 100	20 039	0.18
601001	大同煤业	12.44	83 685	28 000	0.17
600780	通宝能源	5.57	87 294	64 965	0.16
000937	金牛能源	8.70	78 694	33 274	0.14
600997	开滦股份	10.80	56 120	24 604	0.13
600508	上海能源	9.81	72 272	27 153	0.12
600121	郑州煤电	6.11	62 914	29 808	0.08

合计占1.98%

该板块的个股众多，但煤炭作为传统产业，相关的个股的股性一般也都比较沉稳。

航天军工板块

股票代码	股票名称	当时股价（元）	总股本（万股）	流通 A 股（万股）	指数权重（%）
000768	西飞国际	19.62	62 640	35 380	0.31
600151	航天机电	12.79	74 854	29 872	0.16
600316	洪都航空	28.41	25 200	10 800	0.15
600118	中国卫星	27.42	22 740	9 504	0.13
002025	航天电器	26.18	14 400	6 893	0.08

合计占 0.83%

这几年，随着“神舟”飞船的上天，航天军工板块的股价也是芝麻开花节节高。随着中国登月的“嫦娥计划”的展开，将来，在中国飞船登上月球的前夕，该板块应该还会再火一把。

药业板块

股票代码	股票名称	当时股价（元）	总股本（万股）	流通 A 股（万股）	指数权重（%）
000623	吉林敖东	45.88	28 668	19 168	0.38
000538	云南白药	28.27	48 405	18 664	0.23
600085	同仁堂	23.27	43 402	19 425	0.20
600161	天坛生物	29.99	32 550	14 235	0.20
000423	S 阿 胶	13.69	40 871	28 763	0.19
600849	上海医药	12.40	47 431	28 606	0.17
600196	复星医药	8.40	93 560	46 433	0.16
600535	天士力	24.31	30 500	13 332	0.16
600812	华北制药	4.68	102 858	73 594	0.16
600062	双鹤药业	12.22	44 108	24 534	0.13
600521	华海药业	16.50	23 400	13 933	0.09
600267	海正药业	8.76	44 928	20 613	0.07

（续表）

股票代码	股票名称	当时股价（元）	总股本（万股）	流通 A 股（万股）	指数权重（%）
600332	广州药业	11.82	81 090	10 140	0.06

合计占 2.2%

该板块个股众多，也经常会有所表现。

传媒板块

股票代码	股票名称	当时股价（元）	总股本（万股）	流通 A 股（万股）	指数权重（%）
000793	华闻传媒	12.04	136 013	116 942	0.68
600832	东方明珠	14.94	192 648	85 999	0.59
600037	歌华有线	34.09	66 251	36 444	0.53
000917	电广传媒	13.97	33 865	25 525	0.16
600088	中视传媒	18.70	23 673	10 140	0.09

合计占 2.05%

该板块概念独特，值得广大投资者关注。

第八章　多米诺效应与蝴蝶效应

——外围市场对内地股指期货的传导作用

你也许没留意：月亮的盈亏正悄悄牵引着潮汐的起落，而芸芸众生的生理节律，也在随之“暗流涌动”——小小寰球，存在着多少“奇妙的关联”?!

我们判断沪深300指数的走势，当然也不能“躲进小楼成一统”——在全球一体化的今天，外围股市的波动当然也会作用于沪深300指数。这一点，应该引起投资者的重视。

第一节　中国股市与海外市场的多米诺效应

国内的商品期货投资者对国内商品期货市场与海外市场的联动是有深切的体会的，如上海商品交易所的铜铝期货的走势，就与伦敦金属交易所（LME）铜铝期货的走势密切相关。

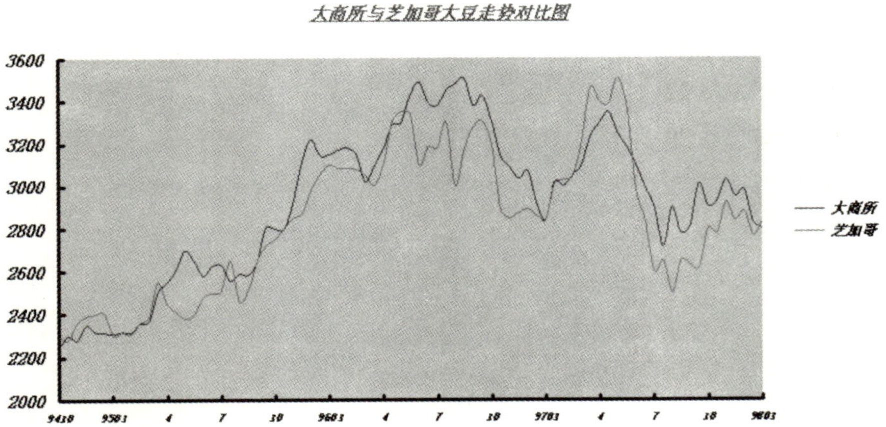

上页图是大连商品交易所大豆与芝加哥期货交易所（CBOT）大豆期货价格近两年走势的对比图。

从该图可以看出，大商所大豆与 CBOT 大豆价格相关性极大，两个市场价格变动趋势相同。

这反映了在全球经济一体化的今天，中国经济与世界经济的联系是越来越紧密了。作为同一种商品——大豆，由于地区间的差异而造成的价格上的巨大差异，正在逐步消失；同时，大豆这种全球化的商品在不同地区的价格上的波动的趋势也在趋向一致。

另一方面，虽然大商所大豆期货与 CBOT 走势相近，但仍保持了自身的独立性，两个市场是互为影响的，大商所大豆期货并没有成为 CBOT 的影子市场。这说明，中国作为世界经济体中的大国，中国经济对世界经济的影响作用也在逐步显现。

相比较而言，这十几年来，中国的股市可以看作是与世隔绝的“桃花源”，并不受国际经济大环境的影响。

前几年，在中国股市熊市当道的时候，我就不止一次听到股民朋友愤愤地讲，人家国外的股市这几天都涨了，就我们国内的股市还在跌。

境外的证券市场（如香港市场等）的波动与美国股市的走势密切相关，美国股市的涨跌经常成为当地股市的风向标。美国是世界经济的领头羊，在全球经济一体化的今天，境外的一些开放的证券市场看重美国股市的“老大”地位，唯马首是瞻，这也无可厚非。

但随着时间的推移，中国股市的这种封闭状况正在发生着改变。

2007 年 2 月 27 日，星期二，上证指数小幅高开后出现凌厉杀跌，盘中连破 3000 点、2900 点、2800 点三道关口，跌幅高达 8.84%，创下 1997 年以来单日最大跌幅的同时，沪深两市成交总量首次突破 2 000 亿元，跌停个股达 840 家。

几乎在同时，受内地股市大跌影响，港股也以大跌收场。恒生指数当天轻微低开后，一路放量下跌，最多时曾跌于 460 多点，随着 A 股上证综指由盘中低位略微反弹，以 8.8% 跌幅收市，对港股的压力暂时舒缓，恒指收盘前跌势有所放缓，恒生指数收盘报 20147.87 点，跌 360.08 点或 1.76%，成交放大至 647.78 亿港元。同时，香港国企指数下泻 3.07%，

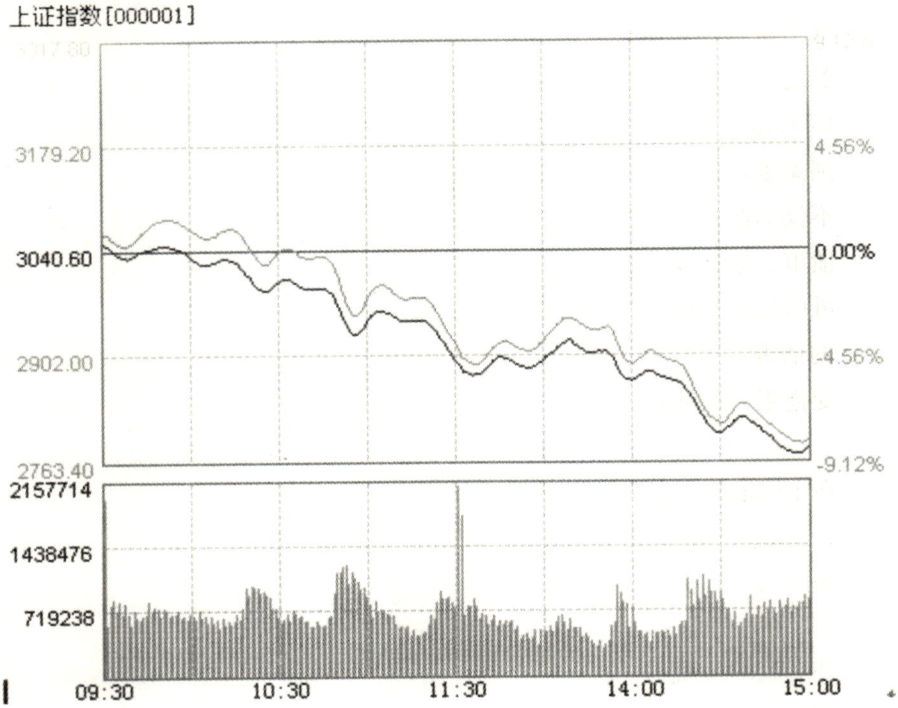

2007 年 2 月 27 日，上证综指大跌 8.84%，引发世界各地股市下挫

并创出单日成交天量。

其他亚洲周边股市也几乎无一幸免，日本东京、泰国曼谷、韩国首尔到新加坡的基准股指，都下跌了从 0.5% 到 2.3% 不等。

事实上，随着非洲、欧洲、美洲等世界其他地区的股市陆续开盘，中国 A 股暴跌的多米诺效应仍在不断发酵。

27 日，纽约股市低开低走，盘中道・琼斯指数一度下挫约 546 点，后收于 12216.24 点，与前一交易日相比下跌 3.29%。标准普尔 500 指数收盘报 1399.04 点，下跌 3.47%。纳斯达克综合指数下跌 96.65 点，收于 2407.87 点，跌幅为 3.86%。27 日的暴跌几乎将纽约三大股指 2007 年的涨幅全部吞没，并且均创出"9・11"以来最大单日跌幅，

欧洲主要股市 27 日也经历了近 4 年来的当日最大跌幅。其中，伦敦 FTSE100 指数下跌 2.31%，收于 6286.1 点。法兰克福 DAX－30 指数下跌 2.96%，收于 6819.65 点。巴黎 CAC40 指数跌幅 3.02%，收于 5588.39

点。

远至拉美以及非洲的主要股市也都全线暴跌。在南非，当天约翰内斯堡证券交易所综合指数终盘暴跌714.09点，跌幅达3.17%，创下2006年6月13日以来的最大单日跌幅。在阿根廷，27日股市跌幅超过7%，其他拉美国家也均创下多年来最大日跌幅。

不仅如此，不安的情绪还波及到了股市以外的其他金融市场，譬如汇市、债市、原油以及其他商品市场。

可以说，全球金融市场同一天，遭遇“黑色星期二”。引用《纽约时报》的话讲，中国2月27日沪深股市的双双暴跌，使熊市在全世界蔓延，亚洲受拖累，欧洲被波及，美国也无法幸免。

在中国股市暴跌后，“中国股市暴跌”——这几个字眼几乎占据了全球所有主流媒体的头条。

美国《时代》周刊的网站在头版头条刊登题为“中国股市下跌引发全球效应”的文章，指出中国A股暴跌引发了全球投资者对于中美两大火车头经济降温的担忧，并使得在国际市场上所有与中国相关的交易都出现“膝跳反射”。

《华尔街日报》则在首页的最醒目位置辟出专栏，主题就是“上海股市暴跌迫使投资者重估经济前景”。该报指出，全球股市的大跌使得投资者开始重新评估对于风险的偏好，而该报亚洲版昨天的头条新闻标题就是“中国股市重挫引得全球跌声一片”。

英国《金融时报》中文版也在昨天的头条刊登题为“黑色星期二：中国股市单日跌幅10年最大”的文章，文章指出，中国股市的暴跌导致全球股市下挫，原因是中国主要股指的暴跌促使投资者出售风险较高的资产。

全球股市受中国股市暴跌影响遭遇抛压，体现了中国在全球经济和金融中的重要地位，这反映了世界开始承认中国日益增强的经济实力的现实并认可中国经济对世界经济的重要影响，也说明中国跟国际市场的关联度得到了很大提升。

2007年2月27日，全球股市的波动，只是中国证券市场影响世界的开始，但不会是最后一次。同样，融入全球金融体系中的中国股市，也不可能不受到外围市场的影响，并且其影响会变得愈来愈明显且作用越来越大。

造成这种相互影响的原因，主要有以下几点：

（1）在全球经济一体化的大背景下，中国的经济逐步与世界接轨，中国经济（包括金融市场）不可能一直独善其身与世隔绝；

（2）随着人民币逐步实现可自由兑换，影响中国融入全球的一个重要障碍将消除，中国经济的市场化将得到更高的体现；

（3）一些代表中国经济成长的大盘蓝筹股在国内的上市，将加强中国证券市场的地位和在世界市场上的地位及影响力。

除以上原因外，外围证券市场对中国股市的影响，还有个重要的资金方面的原因。

目前，境外投资者投资内地证券市场，主要是通过 QFII（合格境外机构投资者）的方式进行。QFII 进入内地，需经过国家外汇管理局的批准，在一定的额度范围内投资。随着 QFII 审批额度的不断放大，QFII 已经成为国内的一股重要投资力量。

虽然 QFII 的额度在不断增加，但还是远远满足不了国际投资者对投资中国国内证券市场的热情。虽然中国目前尚未完全放开资本项目管制，但一般还是认为，仍有部分海外资金能够通过各种渠道进出内地资本市场。

在这种情况下，国内沪深 300 指数期货的推出，窗体底端给境外资金通过内地市场进行谋利活动提供了一个好机会。境外的资金完全可以通过对境外开放市场的操控，影响内地的股指期货市场。

这种影响作用表现出两个特点：

（1）在这种关联交易中，与在境内活动的屈指可数的境外资金相关联的，是境外的放大了十倍上百倍的资金；

（2）影响境外的证券市场，就可以影响国内的股指期货市场，通过股指期货市场的资金杠杆作用，就可以取得成倍的收益。

作为沪深 300 指数期货的主战场，我们并不相信海外的市场对国内的沪深 300 指数市场能起到决定作用，但一些影响却也不可小视，这成为我们判断沪深 300 指数期货走势的另一种思路。

第二节　潮涌香江的蝴蝶效应

从2006年下半年开始，中国内地A股市场和香港股市的相互影响是越来越明显了。

体现这种相互影响的最明显的例子，就是从沪深300指数当时的第一大权重股招商银行在香港发行H股引起的。

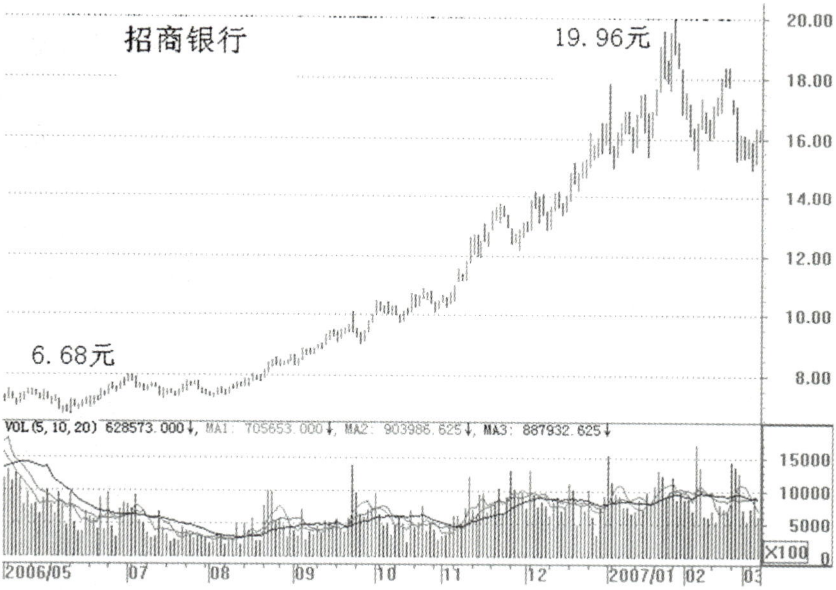

招商银行2006年下半年走势图

2006年八九月间，招商银行正式启动在香港联交所发行H股的工作，招商银行的H股发行价格区间为7.30港元至8.55港元。由于招商银行此次香港招股受到了国际投资者的热烈追捧，最终发行价确定为8.55港元。

在招商银行H股的发行期间，国内股市的主力先知先觉，在对招商银行H股价位的预期及其H股价位将高于A股价位的预期下，招商银行A股价格一路上行，并屡次创下历史新高。在招商银行A股强劲走势带动下，A股银行股和H股中资银行股连续上涨，两地的银行股表现明显优于大市。

2006年9月22日，招商银行H股正式登陆香港市场。早盘以10.9港元开盘，较发行价8.55港元高出27%，盘中最高为11.14港元，最低为10.62港元，收盘报10.68港元，升幅为24.9%。

而同日，招商银行A股开盘于9.71元，最高冲至10.09元，最低探至9.43元，收于9.46元，较前日收盘价下跌1.77%。

从上述数据不难看出，招商银行A股与H股出现了两个相差较大的报价，招商银行H股10.68港元的报价略高于招商银行A股9.46元，初步估算幅度达到了16.28%。

对照同一日招商银行A股与H股的分时走势图后，还可以发现一个有意思的现象：虽然两者价格相差较大，但运行趋势却几乎一致，均是冲高回落，缓缓走低。而且在尾盘时，招商银行的A股与H股均有一小波跳水动作且几乎都收于当日最低点。这说明，在当日，招商银行A股与H股的走势产生了明显的联动。

招商银行H股股价高于A股股价，提升了A股市场对招商银行A股股价的估值信心。

此后，随着招商银行H股在2006年11月连续突破13港元和14港元大关，国内的银行股更是集中爆发，并最终引爆了2006年下半年国内股市的大盘股行情。

事实上，在当时，拥有H股股份的A股已出现不少类似于招商银行H股与A股那样的走势，即H股股价高于A股，中国银行、中国国航、华能国际、中国联通等沪深300指数的权重股均有类似特征，这都有利于后来A股市场及沪深300指数的强势运行。

2006年下半年，长江证券金融工程分析师李强在一份名为“关于股指期货的一个情景分析”的研究报告中就表示，香港市场总体上对内地股市有引导作用。

李强通过对A+H股收益率的实证检验，认为H股指数涨跌和H股涨跌分别对沪深300指数和A股涨跌有显著的引导作用，而反之的引导作用较小。

李强通过选取目前在A股和H股同时上市又在沪深300指数中权重最大的一些上市公司的数据研究，发现招商银行（600036.SH，3968.HK）等H股收益率在5%的显著水平下对A股收益率有单向的引导关系；而同时 H 股指数收益率对沪深 300 指数收益率也有单向引导关系。

在上述研究结论的基础上，李强假设了一条国际游资利用 H 股、A 股和股指期货谋取暴利的可能路径：国际游资拉高 H 股股价，再通过 H 股对 A 股的引导作用影响 A 股股价和沪深 300 指数上涨，当沪深 300 指数达到高位时，构建大量的沪深 300 指数期货空头头寸，然后利用前期买入的 H 股现货筹码打压股价，使得 H 股价格大幅下跌，再传导到 A 股和沪深 300 指数期货，待沪深 300 指数期货下跌后，再在低位平掉前期的股指期货空头头寸，从而在股指期货上赚取暴利。

李强在报告最后表示，股指期货的推出将大大增强市场博弈的复杂性，而内地资本市场和境外资本市场的关联性也将更为紧密，从这一角度来说，还有一个内地投资者和境外投资者的博弈。

我个人认为，通过李强所描述的上述的传导，国际资本不但可以在内地的沪深 300 指数期货上赚到钱，也可以采用这种拉抬打压股指期货权重股的方式，在恒生指数期货上赚到钱，真可谓是一箭双雕。

恒生指数由香港恒生银行全资附属的恒生指数服务有限公司编制，于 1969 年 11 月 24 日首次公开发布，基期为 1964 年 7 月 31 日，基期指数定为 1000。恒生指数发布几十年来，一直以本地的 33 家大型企业作为成分股。

但随着近年来内地国有大型企业在香港的不断上市，为使恒生指数能更准确地反映大型内地企业上市所带来的变化，恒指服务公司在过去不到 1 年时间内连续修改恒指的成分股数量。先是在 2006 年初将恒指成分股由 33 只增加到 38 只，新增 5 个名额由已经实现全流通的国企股担任。

2007 年 2 月 9 日，恒生指数服务有限公司宣布，今后调整恒生指数成分股数目时，会用“净加不净减”的安排，即剔除现有成分股须补入一只新的成分股，或额外新增成分股使成分股数目逐步上升，并最终将把恒指成分股的数量提高到 50 只。

恒生指数服务有限公司并没有对恒指达到 50 只成分股设定时间表，业内人士认为，剩下的名额将由内地大型企业占据，因为香港大市值企业早已完成上市，恒指将因国企股数目增多而更加“内地化”，香港股市与内地股市的走势将日趋同步。

目前，以香港股票市场中的 38 家上市股票为成分股样本的恒生指数，是反映香港股市价格趋势最有影响力的一种股价指数，该指数具有广泛的市场代表性，其总市值占香港联合交易所市场资本额总和的90%左右。恒生指数期货（HSI Future）是一种以恒生指数作为买卖基础的期货合约，是世界上最受关注的股指期货品种之一。

在目前恒生指数的38只成分股中，就有中国移动、中国网通、中国联通、建设银行、中国银行、中国石油、中国人寿、工商银行等在香港上市的国内大型企业。其中，中国银行和工商银行等目前已经在国内A股市场同时上市了。根据最新消息，恒生指数的第二大权重股中移动及巨无霸中石油也将会在2007年回归国内A股市场。

可以明显地预见，将来，香港市场与国内A股市场的联动将进一步得到加强。

据最新的消息，随着更多内地企业同时在内地及香港两地证券交易所上市，香港正研究推出A+H新型指数。

目前，相比较而言，内地和香港股市还是割裂的两个市场，人民币不能自由兑换使同一家公司的A股、H股会出现巨大差价。推出A+H指数可以说是一种预先的变通方式，将成为两地股市的一座桥梁。

业内人士认为，A+H指数有望奠定A股、H股套利的技术基础，并相信它相关的衍生产品会很多，比如A+H指数期货，就可以与A股指数期货相挂钩。同时，更多能同时代表两地股市的相关性产品可能不断地被沪深港三个交易所推出。

如此，未来三地股指的走势可能更趋同。

第三节 “狮城影子”——新华富时中国A50指数期货

新加坡交易所（Singapore Exchange Limited，简称SGX）是亚太区第一家综合的证券及金融衍生品交易所。1999年12月，两家久负盛名的金融机构——新加坡证券交易所（Stock Exchange of Singapore，简称SES）和新加坡国际金融交易所（Singapore International Monetary Exchange，简称SIM-EX）合并组建了新加坡交易所。

2006年9月5日，新加坡交易所推出了与中国A股市场挂钩的新华富时中国A50指数期货。这个来自“狮城”的“影子”，一时引来内地多少关注的目光?

新华富时中国A50指数由新华富时指数有限公司编制，以2003年7月21日为基期，以沪深两市按流通比例调整后市值最大的50家A股公司为样本，以5000点为基点，每年1月、4月、7月和10月对样本股进行定期调整。

新华富时中国A50指数成分股一览表（截止日期：2007年3月8日）

招商银行	五粮液	苏宁电器	国电电力	中海发展
中国银行	中兴通讯	振华港机	上海石化	华能国际
大秦铁路	上海机场	中信证券	申能股份	中国国航
中国石化	深发展A	中国平安	海螺水泥	张裕A
宝钢股份	上港集箱	烟台万华	江西铜业	青岛啤酒
长江电力	上海汽车	鞍钢新轧	南方航空	陆家嘴
民生银行	武钢股份	太钢不锈	北辰实业	兖州煤业
万科A	中集集团	盐湖钾肥	兴业银行	中国人寿
中国联通	浦发银行	东方明珠	工商银行	马钢股份
贵州茅台	海油工程	华夏银行	保利地产	宁沪高速

新华富时中国A50指数期货的合约设计如下表：

标的指数	新华富时中国A50指数
合约乘数	1指数点=10美元
合约月份	2个最近的连续月和2个季月
交易时间	分两种时段： T时段：9:15~11:35,13:00~15:05; T+1时段：15:40~19:00
最小变动价位	1指数点（10美元）

（续表）

涨跌停板与熔断机制	初始停板为 ±10%。一旦打板，随后的 10 分钟内将只允许在 ±10% 范围内交易。10 分钟结束后，涨跌停板扩大到 ±15%。如果再次打板，将再有 10 分钟的冷却期，期间只允许在 ±10% 范围内交易。10 分钟冷却期之后当日剩余的交易时间内，取消涨跌停板
最后交易日	合约到期月份的倒数第二个交易日
结算方式	现金结算
持仓限制	所有月份合约净持仓头寸不得超过 5000 张；经交易所批准可例外

对比新华富时 A50 指数期货合约方案和中国金融期货交易所推出的沪深 300 指数期货合约内容，可以发现，两者在合约规模、合约月份、交易时段和熔断机制等的设计上有惊人的相似，两者存在明显的竞争。

抢先推出别国指数期货是新加坡交易所发展的一个重要战略，最成功的是 1986 年 9 月抢先于日本推出了日经 225 指数期货和 1997 年抢先推出台湾市场指数期货。2005 年这两类指数期货合约交易量分别为 1191.6 万张与 810 万张，分别是日本与台湾本土市场的 66.5% 与 117.1%。

特别值得一提的是，直到 1997 年，日本才推出日经 225 指数期货。但很长时间内，日本的日经 225 指数期货都处于新加坡影子市场的地位，直到最近才得以挽回。

这一次，新加坡交易所又如法炮制，新华富时 A50 指数期货抢先中国的沪深 300 指数期货面市，以期再次抢得先机。

新加坡交易所上市国内 A 股指数期货，是否会影响国内后续推出的沪深 300 指数期货的参与资金与国内金融市场的定价权，一度成为国内大众关注的一个焦点。

但自新华富时 A50 指数期货推出以来，每日成交只有百十手甚至几十手，行情异常冷清，并且成交的大多是当月合约，其远期合约有时候甚至一整天都没有成交。而被新加坡交易所寄予厚望的晚间交易时段，也是经常整个时段没有成交。

从交易量和持仓量的比较和绝对额等可以看出，投资者对新华富时 A50 指数期货的支持甚微，新华富时 A50 指数期货对 A 股市场的走势没有产生大的影响。

新华富时 A50 指数期货推出的不成功，有众多的因素，也与其交易的合法性有一定关系。

2006 年 8 月，上证所信息网络有限公司（以下简称“上证信息”）以“未经书面许可擅自允许新加坡交易所以实时发布的‘中国 A50 指数’开发‘中国 A50 指数期货’金融衍生产品，并在新加坡交易所上市交易”为由，在上海对新华富时 A50 的指数编制商——新华富时指数有限公司（以下简称“新华富时”）提起诉讼。

2006 年 10 月 31 日，上海市浦东新区人民法院对这一证券信息合同纠纷案件作出一审判决：原告、被告双方于 2005 年 12 月 29 日签订的“证券信息许可使用合同”及附件于 2006 年 9 月 4 日予以解除，被告支付原告违约金 2 万美元，原告起诉的其他诉讼请求、被告反诉的诉讼请求不予支持。

对于这一判决，新华富时在当日下午 5 时举行的新闻发布会上宣布，决定将案件上诉至上级法院，如果在中国法院申述未果，将向 WTO 提请申述。

同时，新华富时强调，尽管与上证信息的合同已到期，但一审的结果并不影响新华富时继续编制“中国 A50 指数”和出售指数。

关于诉讼的进展和结果，以及新华富时 A50 指数期货的最终命运，大家可以关注有关的消息。

虽然就目前来讲，新华富时 A50 指数期货合约的交易并不成功，但精明的投资者是不应该放松对其动向的研究的。事实上，不但海外，就是国内的机构现在已经在研究新华富时 A50 指数期货了。

正所谓，见微知著，新华富时 A50 指数期货的参考价值还是不可小视。也许通过对新华富时 A50 指数期货的一些蛛丝马迹的分析，你就可以寻觅到投资沪深 300 指数的一些思路。这种思路，可以表现为以下几个方面：

（1）新华富时 A50 指数期货与沪深 300 指数期货都是中国 A 股市场的指数期货，根据统计，新华富时 A50 指数期货与沪深 300 指数的相关系数高达近 0. 98。

因此，在某种意义上，关注新华富时 A50 指数期货的走势，就是在关心沪深 300 指数期货的动向。

（2）沪深 300 指数成分股涵盖了新华富时 A50 指数的成分股，而构成新华富时 A50 指数的 50 家成分股都是沪深 300 指数的权重股，因此，对新华富时 A50 成分股的关注，实质上就是对沪深 300 指数成分股中核心部分的关注。

（3）目前，活跃在新加坡与日本当地的针对日经 225 指数期货跨市套利交易异常活跃。在将来，这种套利活动也有可能出现在新华富时 A50 指数期货与沪深 300 指数期货之间。

案例3　香港“绞肉机”

——恒生期指上的搏杀

香港是比较早地推出股票期货交易的地区。1986年5月6日，以恒生指数为基础，香港期货交易所推出了恒生指数期货合约。

经过了半个世纪的发展，香港证券市场最终成为成熟的国际化市场。香港证券市场是与大陆联系紧密的市场，通过借鉴发生在香港证券市场上的风风雨雨，相信对我们股民炒好沪深300指数期货会大有裨益。

第一幕　摩根震荡

政治背景

1984年12月19日，在北京，中国和英国两国的政府首脑正式签署了关于香港问题的联合声明，根据声明，中国政府将于1997年7月1日，恢复行使对香港的主权。

1992年7月，由英国政府委派的最后一任香港总督彭定康到任。上任后不久，彭定康便推出了一个与中方对抗的香港政治体制改革方案，对香港面临的1994年区域组织选举和1995年立法局选举完全搞了另一套设计。

对于彭定康的政改方案，中方不能接受。为此，在1993年，中英在北京共进行了17轮谈判，主要议题就是详细讨论香港1994/1995年度选举的安排。

但至1993年底，谈判仍处于僵持状态，双方都表示对谈判的进展感到失望，对前景不抱乐观。

经济背景

1993年，香港经济继续稳步增长。上半年生产总值实质增长5.25%，略高于上年同期的5.15%；下半年，受西方经济预期和政改问题等因素的影响，经济增长达到预期的5.5%，略高于上年的5.3%。

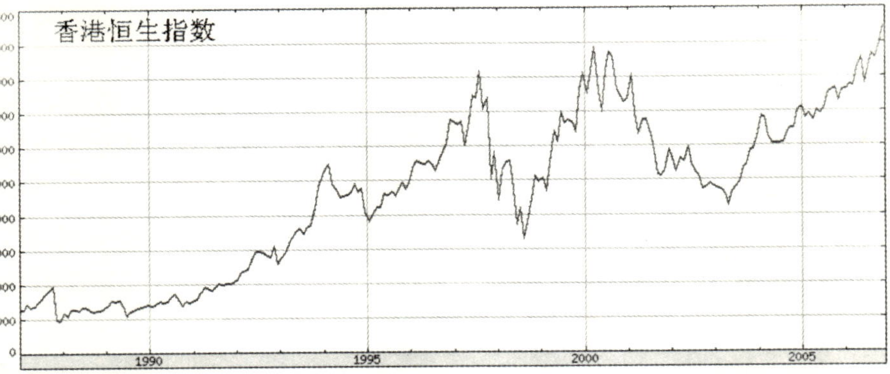

香港恒生指数历史走势

股市表现

在这样的政治经济大背景下，香港股市的表现却出人意料地牛气冲天，迭创历史新高。

恒生指数从 1993 年初的 5 437. 8 点反复上行，1993 年 2 月 15 日突破 6 000 点达 6 049. 44 点；之后，7 000 点、8 000 点和 9 000 点皆被踩落马下；12 月中旬，10 000 点的心理大关被突破，11000 点也于 1993 年 12 月 24 日被突破。

期间，虽然港督彭定康于 12 月悍然宣布，要将政改方案提交立法局，但大市反映冷静，港股在各路基金支持下并未出现明显的调整，大部分机构投资者还是从上市公司赢利增幅、港股的平均 P/E 水平、中国经济的高增长等因素出发，看好香港股市。

转眼到了 1994 年，恒生指数牛性不改。1 月 3 日，恒生指数突破 12 000 点；1 月 4 日，恒生指数上升至当时的历史高点 12 559 点。

但此后，香港股市却出现了逆转，不断下滑。至 1994 年底，距 1994 年 1 月 4 日之最高点，跌幅达 36. 8%。

如此大幅度的震荡，究其原因，与以美资摩根斯坦利为首的国际基金在其中扮演的极为重要的角色不无关系。因此，发生在香港股市的这一波行情，被国际投资界称为“摩根震荡”。

原来，在中英关于香港政改问题的谈判陷入僵局，香港的政治前途未定之际，摩根斯坦利却唱好香港的“中国因素”，从中国经济的高增长等因素出发，对香港的前景一派乐观，并在国际上四处宣扬自己的这一理念。

“中国因素”是现在关注香港的人经常提到的一个话题。改革开放以来，中国的经济蓬勃发展焕发出了生机。在中国经济成长过程中，香港扮演了重要的角色，发挥了重要的作用，得到了大量的好处。

举例来讲，近年来，到香港投资、设立地区办事处和地区总部的跨国公司，大部分都是因为看中了香港作为进军中国市场的桥梁地位的这一“中国因素”。

作为世界上知名的投资银行，摩根斯坦利的言论在行业内举足轻重，港股一经它的品评，身价立时便不同凡响，国际基金才意识到，世界上还有香港这么一块投资的风水宝地，于是外资纷纷涌入香港。

由于以摩根斯坦利为首的国际基金的介入，香港股市水涨船高，才出现了空前的繁荣，尤其到了行情上涨的末期，香港股市明显为外资所主宰。

伴随着股指的“芝麻开花节节高”，股票市场的成交量也是放大得惊人，历史天量一次又一次地被刷新。根据统计，香港股市第三季度的平均日成交量为34.75亿，而10月份上升为65.21亿，11月份为70.11亿，12月份上半月为81.47亿，而在12月10日更是创下了当时成交119.42亿的历史纪录。

1993年的香港股市，还是个比较封闭的市场，在国际上的影响根本无法与现在相提并论。“摩根震荡”之后，外资对港股的影响也越来越大，香港也逐渐成为一个更加开放的国际化市场。

但“成也萧何，败也萧何”，在香港股民刚刚享受到恒生指数冲过11 000点的甜头之后，国际基金在香港恒生指数成分股和恒生指数期货上大举做空。

根据统计，在“摩根震荡”的后半段，恒生股指期货的成交就不断上升，从1993年第三季度的平均每天7 642手，急升至10月和11月的平均12 683手和13 931手，在11月期指向12月转仓期间，更于11月25日创出单日成交24 900手的惊人纪录。

伴随着国际基金以现货和期货相配合灵活走位的操作，恒生指数大幅下跌，这将持有传统的单向在股票上做多赢利思维的香港本地投资者打得遍体鳞伤。

通过“摩根震荡”，摩根斯坦利等国际基金给香港本地投资者上了一堂生动的现代投资艺术课。

早年，“摩根震荡”的发生，也引起了国内投资者的注意，但对于其运作本质的认识，却还是比较肤浅。

在“摩根震荡”发生后，国内出版的一些关于庄家操作手法的书中，将国际基金在“摩根震荡”中的操作归结为大资金炒大势的一种手法，却没有过多地去关注其在股票和股指期货上协同做多或做空的赢利模式。

这当然与国内市场长期存在的“只能做多赢利，却没有做空机制”的大环境有关了。

因此，完全可以相信，沪深300指数的推出，也会提升股民朋友们对现代投资艺术的理解。

第二幕　香港金融保卫战

1997年7月2日，因受到以索罗斯旗下的量子基金为首的国际对冲基金对泰铢的冲击影响，泰国被迫宣布泰铢与美元脱钩，实行浮动汇率制度。当天，泰铢汇率狂跌20%，引发了东南亚金融危机。

受东南亚金融危机的影响，香港恒生指数自16 000点的高位一路向下。

1998年8月，香港面对的内外经济环境恶化。在外，人民币受到贬值的压力；在内，香港失业率攀升，经济较1997年同期出现负增长。在冲击东南亚各国的固定汇率连续获得成功后，此时，国际对冲基金认为有机可乘，又瞄上了香港的联系汇率（注）。

对冲基金先屯结了大量的港元，同时在外汇市场上买入大量的远期美元，据说，索罗斯旗下的量子基金就持有总数约400亿美元的买入合约，到期日为1999年2月；同时，在六七月恒生指数在8 000点的时候，对冲基金大举沽空恒生指数期货。

国际对冲基金打的是一套组合拳，目的很明显，就是以期在港元和港股受到沽压的情况下，在汇市、股市和股指期货市场上同时丰收，算盘打得不可谓不精明。

注：香港的联系汇率制度始建于1983年，港币以1美元兑7.8港元左右的汇率水平与美元挂钩。

8 月 5 日，战斗正式打响。

从 8 月 5 日至 7 日，三日内，对冲基金抛出近 460 亿港元。面对挑战，香港金融管理局如数吸纳，将汇市稳定在 1 美元兑换 7.75 港元左右的水平上。

此后，对冲基金在股市上打压恒生指数成分股。至 8 月 13 日，恒生指数收于 6 660 点的低位，市场处于恐慌之中。

8 月 14 日（星期五），香港政府出人意料地入市，在股票市场和恒生指数期货市场大举吸纳，当天股市成交量达到 81 亿港元（平时成交水平约在 30 亿 ~50 亿港元），最终恒生指数反弹 560 多点，以 7 224 点收盘。

8 月 17 日（星期一），香港股市休市。

8 月 18 日（星期二），恒生指数窄幅波动，终盘微跌 14 点，以 7 210 点报收。

8 月 19 日（星期三），香港政府继续入市，恒生指数攀升 412 点，以 7 622 点报收。

8 月 20 日（星期四），恒生指数升 120 点，收于 7 742 点。

8 月 21 日（星期五），八大外资联手，恒生指数尾市狂泻 200 点，最终跌 215 点，以 7 527 点报收。

8 月 24 日（星期一），恒生指数急升 318 点，以 7 845 点报收。

8 月 25 日（星期二），恒生指数守住 7 800 点。

8 月 26 日（星期三），在经过尾市的近 160 点的急挫后，香港政府入市大量买进股票和期货合约，收复失地，恒生指数收于 7 834 点。

8 月 27 日（星期四），全天成交 230 亿港币，创 1997 年 11 月 4 日以来的最高额，恒生指数上扬 88 点，报收 7 922 点。

8 月 28 日（星期五），为恒生指数期货当月合约的最后结算日，胜败在此一举。据说，索罗斯曾向中东石油大亨借入恒生指数第一权重股汇丰银行的股票用于这一天与香港政府大决战。

恒生指数期货的最终结算价格为这一天每五分钟恒生指数报价的平均值，因此，要抬高最终结算价，就必须保证恒生指数走势平稳，每时每刻都是生死战。

上午 10 时，香港股市开盘，决战打响，香港政府与对冲基金在恒生指数权重股上展开了殊死搏杀。香港政府同时在恒生指数的全部33只成分股上设下重单买盘，全线防守，硬接对冲基金的如潮水般的卖盘。

开市仅5分钟，成交额即高达39亿港元；半小时后，成交额就突破了100亿港元；午市收市时，成交额报409亿港元，接近在1997年8月29日股市高峰时创下的460亿港元的历史最高纪录。

下午开市，战况更趋严峻，平均每一分钟就有价值3.5亿元的股票易手，但恒指和期指始终在7 800点以上。

下午4时整，恒生指数最终在7 829点定格！恒生指数期货当月合约最终以7 851点交割！

全天成交额790亿港元！为香港股市的历史之最，平均每分钟成交3亿港元。

在香港政府入市以来的十个交易日中，香港政府动用了相当于1 200亿港元的外汇储备，将恒生指数上拉了1 169点，打破了在股指期货合约上持有空仓的对冲基金的如意算盘，巩固了香港的金融秩序。

总结香港金融保卫战，香港政府在股指期货市场获利约20亿港元，对冲基金的损失估计为12亿港元。

经此一战，香港政府成了多家上市公司的大股东。

一般地，外界是以香港政府“惨胜”来总结这场“看不见硝烟的战争”的。

第九章 “白水”理论（上）

——上善若水与三个前提

预测未来一直是人类的梦想，而作为众多投资人参与的股市的准确预测，更是很多人努力的目标。我也是其中一个。

从1993年踏入证券市场开始，我用了大量的时间研究指数的波动规律，在吸取了众多历史经验和教训后，从“时间、空间、群体心理”三位一体的分析中，逐步形成了一套理论，取名白水。

老子《道德经》有云：上善若水。水利万物而不争，处众人之所恶，故几于道。居善地，心善渊，与善人，言善信，政善治，事善能，动善时。夫惟不争，故无尤。

“白水”理论就是从市场最细微的本质寻求突破，结合我多年关于股票指数预测的经验，力求明明白白，水到渠成。

“白水”理论：初试牛刀

在我进入中国股市第八个年头后，“白水”理论第一次开始形成雏形，而这一出手，竟然就是中国股市的历史最高点2245点。

时光回到2001年的五六月间，那是一个疯狂的年代。

从1996年初开始中国股市已经持续上涨了整整5年，上证综指从512点一路奔向了2 200点大关。有人套用当年最火的贺岁大片《不见不散》，高喊：2 500点不见不散！还有人把中国股市和美国股市进行比较，认为“十年长牛才一半，5年后到2006年红旗要插上10 000点高峰！”

是有点好笑还是疯狂呢？其实在股市的轮回中，大众的心理总是在不同的时刻有着惊人的相似。

我也套用彼得·林奇的一句话：当你听到所有人都在告诉你：“这一次真的不同了”，反而要特别小心。

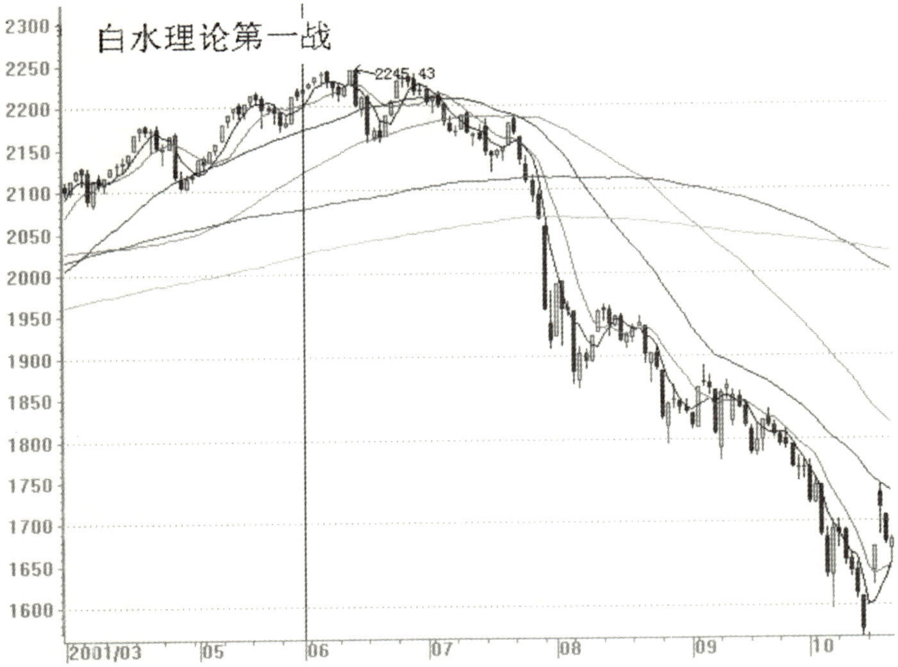

指数是个股的合计，当时所有个股全线大涨，5 元以下的低价股已经被“消灭”，疯狂的多头已经开始计划“消灭”10 元以下的股票了。

奇怪的是当年 5 月 1 日以后，指数上冲 2 200 点后上涨的股票越来越少。只有“国有股减持”概念反复大涨，市场普遍预期会有 10 送 20，甚至 10 送 50 的减持方案。这也是为什么后来市场大跌，很多人怪罪于国有股减持的最主要原因。

这十分可笑，内因和外因哪一个才是核心推动力？只要高中学过辩证法的人都应该知道答案：内因。市场长期的上涨，成交量在 2 200 点左右萎缩，新增资金对指数推动有限。最终导致在 2 200 点天顶的平衡市必然只能维持有限的时间（实际横盘 2 个月），当原有的多头开始获利出局的时候，多杀多结束了股指最后的辉煌。

我是在 5 月 1 日之后，计算到 6 月内在 2 270 点附近大盘空间上有见顶的可能。然后在 2001 年 6 月 1 日（当时 2219 点）全部通知一切人卖掉所有股票后，去了一个根本看不到股市行情的地方休假了三个月，享受田园自然之美。

当时的空间分析的框架来自一个主力操盘策划手多年的心血秘籍。我又经过几年的摸索和改良，发现了另外一种空间分析方法。两者合二为一就形成了“白水”理论的空间分析部分。

“白水”理论的三大前提

“白水”理论有几个基础条件。

首先，股票指数是地区经济的晴雨表。

从长期趋势看，股市不是赌场的根本原因在于，它是一个反映整个社会各个不同经济体的赢利前景的场所，热门行业必然能够吸引更多的资金，也必然能够筹集到更多的资金，发挥资本凝聚的巨大威力。而一旦某类行业出现停滞和衰退的趋势，股市就会以最快、最敏感的方式在价格上反映出来。

几百年来，人类社会不断进步，对资本的需求创造了股票市场。绝大多数的股票指数本质上是长期向上的。当然其中也会有若干年的经济徘徊甚至衰退，但总的趋势仍然是向上的，这同人类社会的发展密不可分。

如何来量化考察这种向上的趋势就成为判断大盘趋势的关键。就我个人的研究发现线性的长期向上趋势的确是存在的，不同的时期有不同的变动率，这种基本趋势的变动速率形成的模型成为“白水”理论的基础。

其次，市场又是混乱的。

这种混乱体现在到底是什么决定股票价格。人人都知道股票是代表上市公司的部分资产，而资产是可以按照会计模式分析出它的价值的。但股票价格的变动并不是和这些理论数据完全同步的，正如投资朋友们看到的那样，在一家公司相对稳定的三个月、半年的经营期里（除了初创公司会在短期内有巨大的成功与失败外，一般在股票市场上市的公司至少已经进入了成长中期）股票价格绝对不是一根直线的波动，而是一定会有少则10%，多则100%的波动。

这种现象就表现出定价混乱的一面。

而专家们又能够告诉我们什么呢？不管是什么机构的什么股票、行业的投资报告，100个人就会有100个不同的结论。而也许仅仅过了两周，再给他们机会的话，他们立刻就会改变自己的预测。我们只能说股票价格仅仅和企业的本身经营状况有部分的关系。专家在跟随市场混乱的价格时，更加给出了混乱的预测。

记得百度在美国上市的时候，80多元的开盘非常吸引眼球，众多美国分析师开始按照专业公式预测所谓的“合理价值”，结果我看到有人认为在65元附近，有人认为45.3元，还有更绝的27.63元。真不知道一般投资人看了众多的报告会有什么感想，我的建议——扔进垃圾桶。

这还是在凸现个性的美国，要是在中国就是另外一番景象。国航上市前后，所有专家一致认为没有价值，“合理价值”在发行价附近。可也就两个月后，还是这帮专家纷纷认为国航潜力巨大。真不知道是公式出了问题，还是人的脑袋不太正常。中国的中庸之道教育出的人才，最容易形成的就是扎堆、跟风，“荣辱与共”就是他们的投资报告的价值。

那么，什么是决定股票价格的主要原因呢？

这就是“白水”理论的第三条基础条件，群体行为决定股票价格！

在阐述这个条件之前先要说明，什么是“估值”，“市盈率”更大程度上是一种心理暗示，当暗示流行的时候，反复强化的正反馈会强化这一过程。举个例子，目前很多国内分析专家一味对比国际，要知道中国股市就是中国股市，绝不能盲目和国际画等号。

根据数据统计，香港著名上市公司和记黄埔同时在伦敦上市，可是两者的价格一直存在着20%左右的差别，难道是信息不畅？不可能。分析方法不同？都是价值分析那套东西，对同一个公司没有不同。那是不是有一方市场出现错误最终会回归另一方市场的定价呢？也不是！几十年以来一直都存在巨大价差！在外汇流动相对宽松的香港和伦敦照样不一样。

混乱是市场的巨大特征。所以最成功的投资大师巴菲特也公开承认：他既不能保证买入个股短期的回报，更加无法洞悉大盘指数的动向。因此，巴菲特选择的是长期持有，拒绝了解市场本身。也许在很多人看来，三个月、半年的市场就是一种随机漫步。

可是事实的真相是这样的吗？显然不，只要连续看了我节目半年以上的观众应该非常清楚：在大盘最高点和最低点的判断上，我在一年半公开上节目的过程中成功率达到90%！（无缘相识的读者可以运行本书所附的光盘了解事实。）

因此，我认为市场是有迹可循的，并且作为单只个股来讲，股票只有市场价格，那就是在某一特定时段内买卖双方合力的平衡点。股票市场反映的也是参与人的群体心理合力的结果!!!

回到刚才的问题，为什么和记黄埔在香港和伦敦的价格就是有差别呢？因为根本就是两个不同群体的人的不同合力的结果，在文化背景、经济基础存在较大差异的两个市场中，即使是同一样物品，它的价格也有很大的不同。人是决定价格的关键。所以，我们经常看到中央电视台的《鉴宝》栏目中出现的一幕：嘉宾从国际某拍卖会上买下的中国古董，中国专家给的市场参考价往往更高。是不是外国人都是傻子？显然不是，同一样物品不同文化背景下的人必然形成不同的价格。唯一值得注意的是，在国际化的大背景下，别国的热门行业、热门股票会形成种种心理暗示，而本国的行业股票定价也会对国际市场形成暗示，一体化的结果是多重暗示的反复回馈和修正。

小结一下："白水"理论的三个前提：

（1）股票市场是区域经济的晴雨表。

（2）股票市场定价是混乱的，不理性的。

（3）群体行为决定股票价格。

"白水"理论：与期指"天然合拍"

而将"白水"理论运用于股票指数期货时，最大的优点在于中短期趋势的判断。因为时间在期货合约中起着巨大的作用，有期限的期货合约和无期限的股票的交易方法有天壤之别。

如果你无法判断大盘三个月、半年的走势就根本不可能成为股票指数期货的赢家，盲目长线看多而持有短期多头仓位是极度危险的，市场只要有个三个月、半年的下跌盲目看多的人就会爆仓！时间在这里决定了一切。

打个比方：假设你可以无限期地持有宝钢权证的话，从2006年的8月底持有三个月到2006年11月底，宝钢的价格已经涨到了6.5元，按照宝钢认购权证4.2元的行权价格，宝钢权证的价格必然在2.3元以上，所有认购权证的持有人都会发大财的。可是已经没有宝钢权证了，没有了，到期的宝钢权证甚至连张纸也没有，仅有的电子符号也会被自动抹掉。

同样，由于每一份股票指数期货合约都是有最终结算时间的，指数期货要求的也就是中短期的判断能力，几个月就能改变人生。所以股票指数期货绝对不是巴菲特之流可以玩转的。

“不懂就不玩!”巴菲特还是很有原则的。投资朋友们更要做好充分的全方位准备。

《谈股论金》，白水耀珠江

2001 年大盘见顶后，经过三个月的休假，再看市场已经是一片萧条，不时听到圈内朋友讲：某某机构资金链断了，老板和操盘手跑了。某某朋友透支交易被券商强行平仓。某某主庄因为欠债数亿，被债主扣押。某某基金经理跑到加拿大、英国。等等。而大盘似乎也像断线的风筝一样，向下自由飘荡。就在这一年的 11 月，我来到了广州，一个美丽的城市。

2001 年 12 月 26 日前后，我第一次在广州经济电视台《谈股论金》节目中客串嘉宾，也就在当时的中国证监会主席周小川同志发表署名文章《用动态眼光看市场》之际，我第一次在公开电视媒体上，按照“白水”理论的分析，亮出了自己的观点：斩仓出局，还要下跌 20%。记得当时节目中还用了一副对联：“杀出重围求生机，卷土重来应可期”，横批是“绝不放弃”。本人也非文人墨客，对联更像是打油诗，大家见笑。

为什么会这样写呢？一是短期不看好大趋势，希望电视观众能“杀出

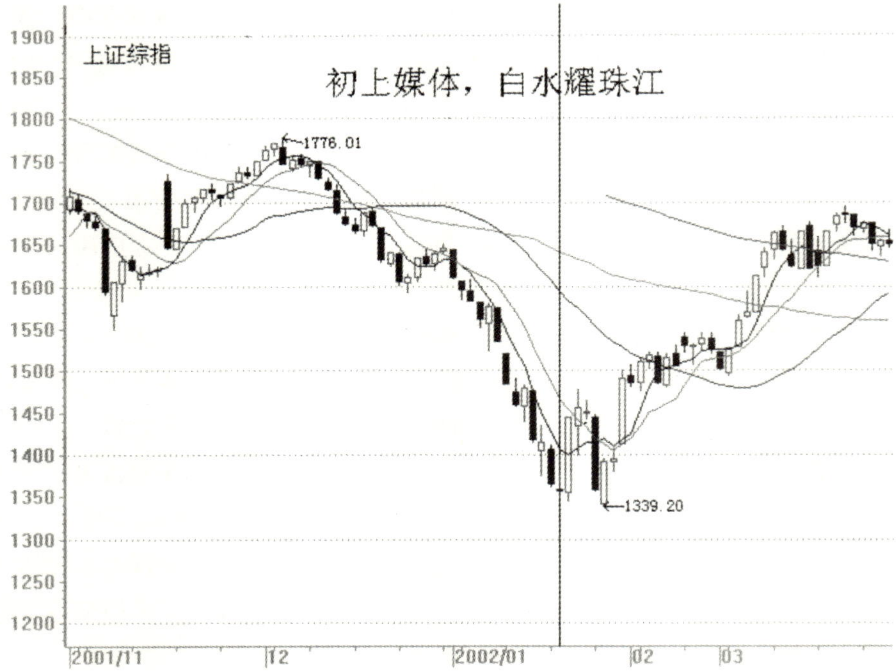

重围”，股票换钞票。二是中期市场暗藏着一个中期大底，所以“卷土重来应可期”。

“白水”理论的时间预测在这次中期底部的判断上，获得了惊人的效果，提前一周就预测到了 1 月 22 日应该变盘，坚决买股票。“绝不放弃”就是在最后关头对广大电视观众的最佳鼓舞。

2002 年春节后，我就不得不穿梭于广州和深圳两地，在深圳录制《亚太财经》，在广州录制《谈股论金》。那个时候的我，只讲大盘不讲个股，第一次使用独门利器——“白水”理论就取得了巨大的成果。

长期判断，痴人说梦

空间分析构建成形后，面临的是时间上的判断。而时间的判断很大程度上依赖众多的周期理论，其中江恩理论和螺旋周期对我的影响最大。

江恩理论一直以其晦涩难懂，难以使用而著称。而我认为该理论很多质朴的东西却是对预测市场时空波动相当有用，推荐大家必看。

到底在这个复杂的数学意义中，什么是我们可以掌握的规律呢？这里给大家讲个故事：预测天气的故事。

1960 年，美国麻省理工的爱德华教授，建成了一个庞大复杂的计算机模型来预测未来的天气。原理很简单：输入现在的天气数据和历史数据，生成明天的数据，新的数据又作为下一步的初始条件。很有点像预测股票价格的未来。在运行了一年多后，有一天，一个偶然的事件改变了一切。

由于巨大的计算量，有一次产生了一个很奇怪的天气现象，爱德华教授决定重新计算一遍。他没有从头算起，而是取了一个过程中的中间值。以这个中间值为初始值，继续后面的运算。爱德华教授喝了杯咖啡，小睡一会儿等待计算的结果。

奇怪的事情发生了，计算的结果和以前的计算结果有很大的差别，甚至两个月后的结果与前者没有任何相似之处。起初他认为计算机出毛病了，但很快他发现了真正的原因：重新输入的时候他输入数据是到小数点后三位，而计算机连续计算时处理的是小数点后六位的数据。事实上，对于温度等天气参数在千分之一℃以下的数据，几乎是测量仪器的极限精度，根本没有什么意义。然而就是这看起来没有意义的微小差别导致两个月后的结果完全不同。

爱德华教授最终得出结论，现在不可能预测长期天气预报，以后也永远不可能。

经济和金融系统也和天气系统一样，符合混沌法则。金融市场实际上是由强烈的高阶混沌所主宰，这些高阶混沌数学上很难求解。也就是说，要想准确预测长期的股票指数的走势几乎是不可能的，只有在摸索到特定环境中特定人群的心理特征，才有机会预测准确短期的趋势。

白水玄机：洞察群体心理

进一步研究市场的本质，可以发现，群体行为才是根本。

从人类科学进步的头号大奖——诺贝尔经济学奖金的发放来看，如何洞悉股票市场获得投资暴利的密码一直是顶尖人士研究的课题。从马克维茨投资组合理论获得经济学奖，到1993年罗伯特·默顿和迈伦·斯科尔斯的期权定价模型获奖，我们不难看到其中的轨迹：从如何降低风险增加收益到锁定风险套利，这就是华尔街这些年干的事情。成败已如云烟飞去，而最终人们仍然无法找到那把金钥匙——通向免费财富之门。

从2000年开始，研究者开始返璞归真，其中已经有两年诺贝尔经济学奖授予了研究行为经济学和博弈论的科学家。

终于有最顶尖的人意识到：股票市场波动的核心不是别的什么，绝对不是财务数据、市盈率（那都是一些表象的东西）。正是人本身！人的行为和博弈决定了价格！！虽然作为个别人的行为有相当的随意性，但并不表示作为群体的人就没有自身的规律。简单地举例，谁看到特别恐惧的事情都会有的反应就是逃避、观望。这就是人的共性。

而群体的人的共性就和大自然、宇宙密不可分了。因为人也是宇宙长河创造的一种生物，自然群体行为上会留下宇宙的烙印。在另一个分支，混沌理论中提到的自然的法则就是最新的发现，在分形几何学和原子物理学共同研究下，即使毫无规律的电子，其随机分布也显现了某种复杂的规律，而这种规律可以称为是真正的“宇宙密码”。这种密码一样能够解答群体人类合力决定的股票市场的“无规律运行”。所以月圆之夜背后涉及的众多理论也只有系统地运用、提升才能最终得出准确的判断。

按照数学家的说法，股票市场是一个动态的系统，而这个动态的系统表现出固有的不稳定性，市场总是从底部上涨—反复涨—见到顶部—下跌—反复跌—见到底部，不停地循环。这在数学上被称为“混沌”。混沌意味着市场有强烈的正反馈，举个最简单的例子，股评家推荐股票—有人开始买进—股价确实上涨—股评家加大力度继续推荐—新的投资人买进—股价继续大涨。在这样一个过程中，就形成了一个强烈的正反馈。这种现象在股市中俯拾皆是，权威报告和相关推荐个股的关系也很典型。

可是人人都知道，没有一直能够反馈下去的事情。当连续多次强化之后，不知道在什么时候就会完全不准了，正反馈环崩溃了。再准的股评家也有不灵的时候，再准的研究报告也有完全没有市场反映的时候。

为了详细说明股市中最常见的群体心理运动规律，以及正反馈的过程，请特别观察下面这个示意图。其中诸多的名词涉及到心理学的内容，在这里就不一一赘述，有兴趣的读者可以阅读相关著作。

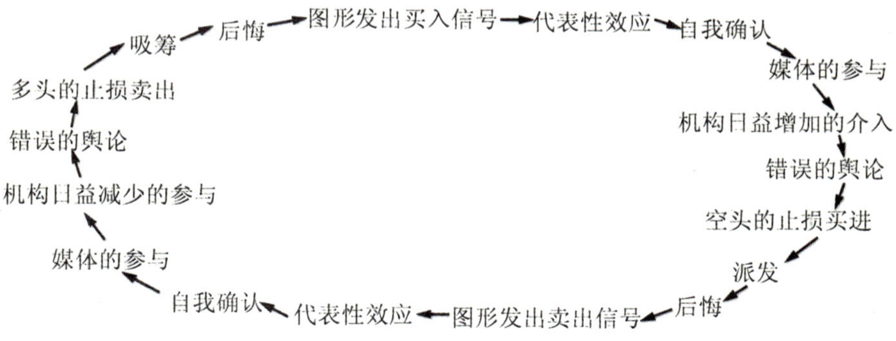

典型的股票正反馈环

为什么行为金融理论虽然获得诺贝尔奖，仍然没有形成系统的理论呢？我认为一方面是因为：关于人类的心理学研究有着太多的学说和流派，可是各有各的道理还没有统一的理论；更重要的是：和市场的反馈自我调节有很大的关系，一个特定时期有用的经济理论往往一段时间后效果越来越差，越难解决。解释实际经济现象也是如此：整个世界经济市场也是由人构成的，群体心理的反馈修正又产生了新的格局。

“白水”理论正是我个人在中国这个特定群体的股票市场中，寻求规律的一次突破。它借鉴了国际最前沿的研究成果，灵活运用于大盘指数的预测，取得了惊人的效果。我想读者朋友们仔细读完上述内容后不难得出一些结论。

第十章 “白水”理论（下）

——桃李不言，下自成蹊

下面，以我在2005年12月30日在贵州卫视的节目中的实况，来使大家清楚认识一下“白水”理论在实践中的威力。

一年要过去了，我想不管过去的一年每一位朋友投资是成功还是失败，是喜悦还是痛苦，都有必要进行一个总结。而作为一个荧屏前面的分析师更应该及时地总结提高。

来看一看我上贵州卫视15个月以来给观众朋友们的大盘建议，因为我一直讲只有看准大趋势才能赚大钱，看准大盘无疑是投资股市成败的关键。

客观地讲，我在节目中成功地把握了众多的高低点，尤其值得注意的是，2005年的春季行情、7月22日的月圆之夜变盘、9月的见顶预测。虽然一年多的时间里市场并没有什么大行情，甚至是反复盘跌，但只要你把握好了大盘的高低点，就算你买的股票不是力诺工业也不是青松建化，也会在大盘上涨100多点或者200多点的背景下让你赚到15%～20%。

我们来全面回顾一下大盘：2004年10月我刚刚到贵州卫视上节目，认为市场没有什么机会，一直坚持短线操作，等待春季行情的来临。而1月20日，我在节目中提到一年一次的春季行情应该正是介入的绝佳时机。当市场再度下跌到1月27日的时候，我在节目中特别提示应该金字塔建仓，有三个交易日的时间观众朋友可以坚决金字塔买入，随后大盘果然走出了100多点的春季上涨行情。

当春季行情展开后，市场逐步再度陷入低迷，而我的操作思路仍然是以短线为主。直到6月6日大盘见到最低点998点，就在第二天6月7日晚上我在节目中送出了再生能源板块中线牛股群，到2005年年底该板块中八只牛股中有四只个股实现了翻番。可以说再生能源板块是中国股市在2005年最辉煌的板块，其中涨幅最大的天威保变暴涨240%。成功把握了再生能源板块群也成为我的一个标牌，那就是一个在公开媒体上台的顶级分析师到底能够给广大观众带来什么样的回报。

细心的观众朋友一定注意到：6月7日送出中线再生能源八只个股的走势也并非一路上行，因为整个大盘在6月8日井喷之后，来到6月27日再次见到了一个高点，而这个高点在节目中被我牢牢地把握。我们来看看当时的情形，6月27日大盘受利好预期全天跳空上行，就在这一天晚上的节目中我特别做了预测：短线最佳卖点即将显现，明日80%的个股都将见到短线高点，若不想被套就应该坚决地卖出股票。6月27日看空大盘之后，市场迎来的是暴跌120点的行情。所以市场并非一帆风顺的，即使是中线牛股群——再生能源板块也是反复上行的。

而当市场再度跌到一个关键的位置时，那就是月线上7月15日空头继续向下肆虐的时候，我告诉大家市场会迎来多头全力的反击。7月18日更加明确地强调大盘重大买点即将出现。7月19日特别强调如果所有人都认为大盘要跌到900点或者是800点的时候，市场根本就不会跌到那里去。观众朋友反而应该在这里坚决地买股票。7月21日我特别强调平盘走势意味深长，绝对不要在最后关头踏空。那是因为我已经算到7月21日晚上是月圆之夜，第二天是多重时空的交汇点，时空隧道开启。7月22日果然迎来了十字星之后的第一根大阳线，大涨25点。它正好印证了那句话：月圆之夜时空隧道开启，大牛抬头上涨拉开帷幕。2005年最大的一轮行情就此展开，此前整整一周我全部告诉了观众朋友应该怎么样把握这波巨大行情，而几个月之后我们看到的是整个220点的上涨行情。而其间青松建化短短两个星期暴涨80%的纪录依然是整个中国股市2005年其他任何股票无法企及的。

所以，我反复强调我的投资目标是跌势中先走一步，回避大跌风险；涨势中坚决重仓出击，锁定行情龙头。追求每一波的最大收益。

大多数时候买卖都很重要，如果只是买进不卖出，那么最容易出现的局面就是反复坐过山车。投资一个轮回就是要买进然后再卖出，只有落袋为安了收益才能够被消费，赚到的钞票才能够被使用。如果老是不卖的话所谓的赢利和纸上富贵也没什么两样。所以一定要学会卖，俗话说："会卖的才是师傅。"

7 月 22 日的大阳线，我提前一周在节目中帮大家捕捉到手，而来到顶部的时候我一样在节目中帮大家准确地把握到了。9 月 16 日我特别在节目中提醒大家：短线有见顶的可能，风险开始加剧。我还在节目中特别举了一个非常形象的例子：绝对不要让煮熟的鸭子飞了，大家一定要珍惜自己好不容易赚来的钱。很多人在高点老是嫌自己赚钱赚得不够多，这恰恰是在高位还要博一博的最主要的动因，而最后的这点贪婪往往是噩梦的开始。

9 月 16 日提示风险后，市场果然像我们预测的一样，大盘在高位作了三天的震荡，其后短短一个多月后大盘下跌了 150 点。所以不但最低点让你大买，最高点一样提示你卖出。卖点一样把握得非常精彩。炒股绝不仅仅是为了持有股票，只有在高位卖出作出了波段，才能成为波段王中王，才能将收益做到最大。

12 月 6 日，作为 2005 年最后一波行情的起点，我一样在节目中作出了揭示：春季行情可能来得比所有人预期的还要快，要立即加快建仓步伐。目前正是应该"风物长宜放眼量 "的时候。果然市场在大家不知不觉的背景下，提前展开了小幅逼空的上涨行情。为什么呢？因为中国股市从 12 月起到 2006 年春季必然要加快股改步伐，当政策的航母已经启动的时候，它必须也只能向前，需要的就是市场反复上涨的配合。所以因为股改而呼唤出一波行情。而我们所说的统计数据证明每年春季市场都会有不甘寂寞的资金拉动一波行情，而当行情提前到 12 月初就展开将大大出乎绝大多数人的预料。

特别是，在节目中强调大盘将以大家不敢相信的方式来演绎新的行情。最大特点是小幅逼空一直涨，你越不买它越涨。

回顾一下我上节目 15 个月的表现：大盘的绝大多数高低点我都在节目中作了提前的揭示。但是又有几个人真正听取了我的建议了呢？如果大方向把握错了，你就不可能赚到大钱。15 个月是一个漫长的过程，不管大盘是大涨，还是大跌，甚至是牛皮盘局，我都在荧屏前和观众朋友见面，我尽到了我作为上台分析师的职业本分，善意地提醒大家每一次大盘的高低点，善意地提醒大家青松建化是黑马，善意地告诉大家再生能源板块的强势，善意地告诉大家10月份之后我最看好的就是房地产板块，2005年底到2006年的行情我最看好的就是房地产板块。

我希望大家能够在我的提醒下找到自己的正确道路。而正确的道路是什么呢？我认为对待人生的态度更能够决定你股市的成败！你有多大的忍耐力，你对风险有多大的抵抗力，你能够经得起多少诱惑都是决定你股市投资成败的关键。

15个月漫长的时间，任何人不犯错误是不可能的，我也一样。细心的观众朋友可能注意到在2005年3月、4月间形成的高点，我没有完全判断正确，没有能够做到在节目中及时提醒观众朋友。所以谁都会犯错误，而问题的关键是犯了错误后应该做些什么，不是盲目的死扛，而是认清趋势该回头的时候及时回头。只有使每一次的错误造成的伤害最少，胜负相抵累积下来你才能够成为市场的大赢家。所以我要告诉大家的是，一定要珍视自己多年不易积累下来的财富，然后再在市场里用自己的聪明才智创造新的财富。

但是观众朋友们应该不知道，实际上我每天所讲的众多内容，几乎有90%都是靠我一个人亲自收集大量的信息，形成初步内容，再落实到图版形成文字，最后到节目中和大家分享观点。每天都要工作到深夜，可以说是身心疲惫啊。

电影《手机》里面有一句话非常经典：审美疲劳。我想可能连续15个月都在荧屏中固定看到我，观众朋友们对我也有所疲劳。

但是我想在未来的日月里，对于那些一直喜欢我、爱护我、支持我的观众朋友来说，我仍然会继续以各种方式、各种渠道给大家提供有效的帮助。

最后希望每一个人都能够在股市里投资顺利，找到自己人生的幸福。

大趋势：一年300倍！

并不是很精彩的2005年中国股市究竟能够创造多大的回报率呢？我想每次上涨波段全部锁定，同时抓住龙头，大致能够做到的极限收益在400%左右。

恰好就在2005年初沪深300指数正式出炉，考察沪深300指数的波动，我们不难发现2005年一共有以下的波动：

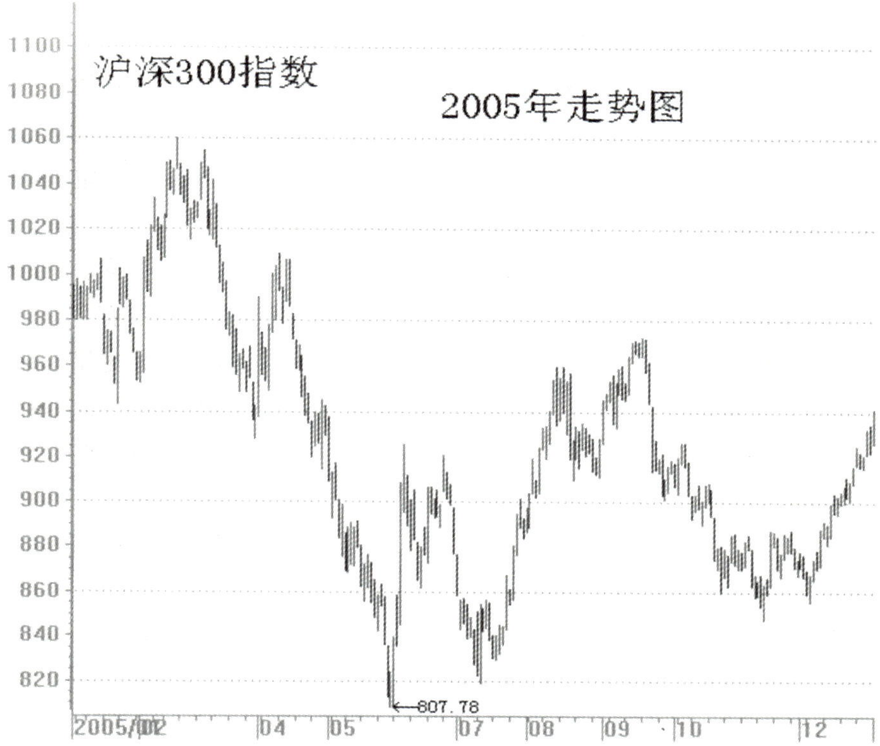

2005 年 2 月 1 日至 2 月 25 日 952.74～1059.48 涨幅 10.61%

2005 年 3 月 9 日至 3 月 31 日 1054.64～952.33 跌幅 9.3%

2005 年 3 月 31 日至 4 月 15 日 928.33～1005.73 涨幅 8.32%

2005 年 4 月 15 日至 6 月 6 日 1005.73～807.78 跌幅 19.5%

2005 年 6 月 6 日至 6 月 27 日 807.78～925.36 涨幅 13.57%

2005 年 6 月 27 日至 7 月 21 日 925.36～843.98 跌幅 9.3%

2005 年 7 月 21 日至 9 月 20 日 843.98～971.98 涨幅 15.85%

2005 年 9 月 20 日至 12 月 6 日 971.98～866.07 跌幅 12.3%

按照目前沪深 300 期货合约的设计：保证金比例为 8%。

扣除 3 月 31 日的高点我在节目中没有预测到，计算一下如果能够成功预测绝大多数大盘的高低点，到底股票指数期货可以为广大的投资朋友创造多大的暴利。

2.32 × 3.43 × 2.69 × 2.16 × 2.98 × 2.53 = 339 倍!!!

也就是说，沪深300股票指数期货的推出，给广大投资者创造了获得暴利的市场，在这个市场中你不再需要为如何在1400只股票中选黑马而发愁（只有一个品种加上时间不同也就3个左右活跃品种），不再需要反复揣摩主力意图（很多个股都涨跌不定而大盘无人能够彻底操控），不再担心上市公司不公平的信息披露（打听消息一直是散户的最爱），只需要把握好大盘的趋势!!

一直讲“看大势者赚大钱”，中国金融交易所的第一个品种——沪深300股票指数期货终于即将登场。按照我在2005年电视节目中对大盘的判断，沪深300指数期货可以带给你的回报竟然可以达到一年339倍，暴利密码就在这里展开!

案例4　月圆之夜

——不畏浮云遮望眼，只缘身在最高层

时光如梭，从2003年11月开始，我连续在宁夏卫视《股往金来》和贵州卫视《博股通金》中，天天和观众朋友们相约荧屏——这一“约”就是两年多。

漫长的节目生涯让我感触最深的是什么呢？——2004年的张江高科？2005年的天威保变或青松建化？还是2005年的新能源板块？或者最后一期节目中（2005年12月30日）告诉大家的“2006年我最看好的就是房地产板块”？

我的答案是：都不是。

这些当年领先市场推荐的个股板块固然精彩，但它们只是站在巨人肩

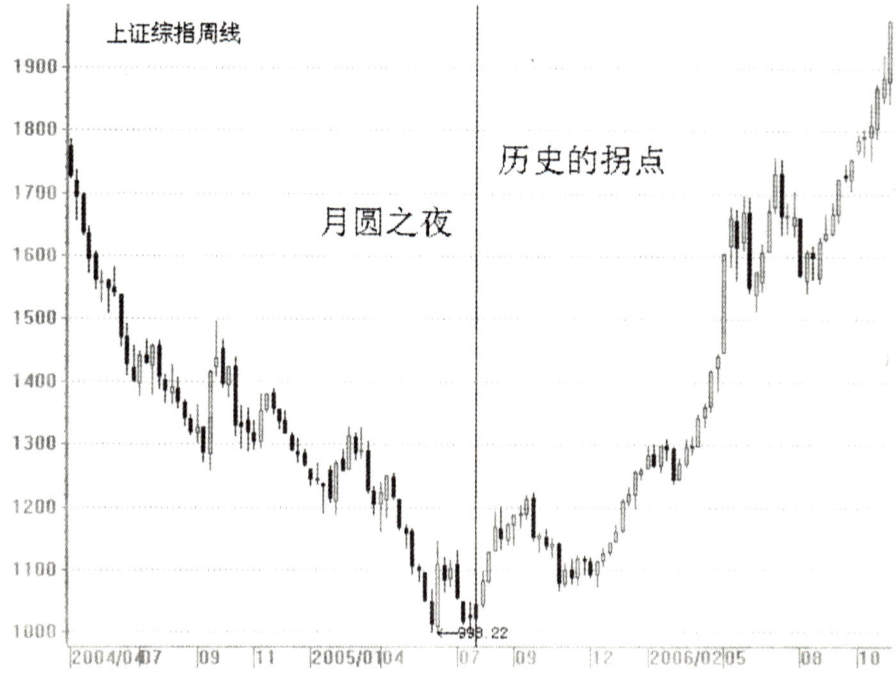

上的舞者。这个“巨人”就是——大趋势！

一个人要高瞻远瞩，就必须把握大趋势。套用我节目中的一句话：“看大势者赚大钱”，首先要有相应的大环境，才能孕育出相应的火爆板块，呼唤出龙头个股。

在中国股市2005年最灰暗的日子——大盘再度考验1000点关口的时候，我运用自己的“白水”理论，在这个历史性的低点，创造了奇迹。

为了充分反映当时的情况，在这里我“重现”见底启动的那一周，我在节目中对大盘的系列评述。

2005年7月18日　星期一　农历：乙酉年　六月十三日

大盘的走势很关键，而且在上周末的时间段我还和一些行业内的朋友进行了交流，发现有很多的历史上都非常坚决的多头，在上周大盘再度的下跌中开始选择离场，这是一个非常有趣的信号现象，甚至你可以把它看成一个反向指标，而且我认为这恰恰就是一个反向指标。

大盘在这里其实不论跌破1000点还是就在1000点以上搭平台起来都不重要，重要的是大盘在未来一周或者两周之内将会见到一个绝对低点！而从这个低点起来任何时间点你都会成为市场的大赢家，所以我认为成为市场赢家首先要看准市场的大趋势，看准趋势后你才有机会选准目标个股，才有可能把握好买卖点坚决出击。这才是成为市场赢家的要点。而大盘呢？大盘前期放量，然后再杀回来，大盘的重大买点即将出现，这就是我个人的观点。

到底是什么样的理由让我看好下半年的机会呢？

我想有很多方面，首先是来自管理层的意思，来自资金面的动向才是我看好行情最关键的出发点，而且我认为这样的底部构筑是需要时间的，和前面我们所看到的每一波反弹的底部应该是有所区别的，更加类似于512点整个大底的反复构造，构造完毕之后指数应该反复向上，下半年机会非常大。因为你要看到管理层稳定市场的决心，后期实质性利好逐步出台应该可以预期。这是坚定看好下半年行情的最主要的原因。

管理层究竟会出台哪些利好？我们看到众多利好正在逐步落实当中：7月12日央行已经表示将再放100亿元的再贷款支持券商，而券商很明确地表态：这100亿元会放在自营和资产管理部门。很明显，自营资产管理部门最终会通过买股票通过股票投资来实现收益，所以这笔再贷款相当于要投入二级市场。而我们看到管理层近期出了很多利好要一一落实，其中最多的就是解决资金供给，从资金上支持股市。那么我们说中国股市究竟差什么？我觉得股市差的是赚钱效应、差的是资金面的支持，也就是资金和股票之间的供给平衡问题，其实一直是我们国家股市的最主要的问题。行情怎样才能产生：关键是资金面决定市场的方向，有买才能涨。

根据我们的统计，就在未来半个月和一个月有哪些资金准备入市呢？央行100亿元的支持券商的再贷款，社保基金新增加的50亿元资金同样准备入市，而QFII新批额度50亿元美元左右（合人民币410亿元）也要入市，我想我们能看到这好几百个亿都将在有限的时间段——从现在算起半个月、一个月之内陆续入场。

那么市场有没有相应的环境使这些资金入场，或者说市场每天的成交量有多大？这些资金入场会给市场带来什么样的效应呢？今天两个市场合计成交仅仅74个亿，按照今天的大盘成交金额计算，同时我们可以算算：光我们知道的三项资金合计就有500多亿元（560亿元），我可以介绍给大家，如果在一个正常盘面下资金介入不影响市场大涨的话，最多可以成交占到当天的1/3左右。也就是大盘成交74亿元的情况下能够介入的资金最多也就买到20多亿元。在指数不怎么涨的情况下，你能偷偷买到20多个亿都不得了。那么500多亿元资金光建仓就需要20多个交易日，而机构积极地买入肯定导致大盘持续上涨。

在这里，缩量表明什么？表明空方已趋于枯竭！虽然还有些人会在这里割肉，我想要不了一个月，一个月之后现在割肉出局的人个个都会后悔。

所以，我们看到的是资金面很明显国家已经下了一番工夫，在这里我们都还没有考虑1000亿元的平准基金，如果考虑到平准基金1000亿元的介入，你倒给我一个理由：股市为什么不涨??股市肯定会涨而且下半年会出现大涨，关键是投资朋友需要在上涨还没有展开前坚决而果断的行动。

所以我在这里明确告诉大家：下半年上涨会在不知不觉中展开，而上涨的高度会出乎绝大多数市场人士的预料。

这种机会是非常巨大的，无论是中线牛股还是短线黑马都值得你高度警觉。不知不觉中展开的行情最厉害，尤其是市场涨起来居然有克制，应该向上涨的时候明显有股力量刻意地压制盘面，而应该跌的时候明显也有资金适当地抬一抬。这说明市场中明显有一些巨大资金开始介入了。所以我认为不管目前的行情再持续一周还是两周，总体来讲这里已经是市场的大底！所以我在这里强调本周我要做的事情：

我不会去管空头有多么的肆虐，我也不会去讨论1000点是否会被击穿这样的话题，因为我根本不关心这些问题，我只关心本周要重仓出击，要在本周内将仓位加到最重，因为我认为大的机会已经到来。

所以观众朋友绝对不要在行情启动前开始放弃，这个时候绝对不是轻言放弃的时候。这个时候坚持一下，坚持到下个月（8月）、下下个月（9月），你会看到情况大大的不一样。

2005年7月19日 星期二 农历：乙酉年 六月十四日

真正的指数上涨必须有相应的指标股的反复上冲，到底是哪类指标股先于大盘启动，当然要依赖于它们所处的行业背景，我现在强调的是近期有些指标股已经开始逆市启动了。

无论指数是否在这里还要整理两三天，但是我只是关心未来的趋势、未来的方向，那就是多方的全力反击，关注的是出击2005年下半年挑战翻番的个股。

到底有什么技术分析的依据呢？今天我们就来一起看一看历史上的上证指数。

上证指数历史上曾经出现过15个月或者称之为17个月的下跌，大跌了76%，一路下跌。

当然最后一个月的长黑并不是完全可以分析把握的，这一点我特别要强调。因为在市场里有很多的参与成分，无论是蝴蝶效应还是其他什么都会影响市场。不要认为技术分析上能够看到的低点一定能够达到。如果市场人士都认为跌到800点，那800点永远都不会见到。这一波也是一样，不会跌到大家预期的位置。

再来看看当时17个月下跌之后大盘的运行，很明显，指数当时都暴涨了三倍。

而本轮行情也是经历了反复的下跌，从2006年4月开始的16个月，大盘没有连续两个月出现阳线，我认为这是不正常的，所以我认为下半年大盘会收出连续几个月的阳线。

这种机会绝对不容错失，市场经过反复下跌45%之后，明显政策在这里做多的时候，我们应该相信政策对市场的强大影响。打个不是特别贴切的比喻：如果你在这里放弃了，你就好像在赌场里输到很惨的时候放弃走人的人，你刚刚离开指数就开始上涨，多么的不幸？难道你经历了这么多痛苦还要在底部踏空吗？底部坚决要有股票，无论怎么样底部坚决要有股票。大盘一涨起来，或多或少你的亏损都会减少，而要是能抓住龙头一定能实现扭亏为盈、反败为胜。

我还特别强调的是下半年大盘行情会出人意料，行情会在不知不觉中展开。

因为市场越是在底部，越是中级底的形成，浮躁的人肯定已经被完全淘汰掉了，现在浮躁已经不管用了，现在需要的是有定力、有眼光、有胆识、有勇气、有耐心去捕捉下半年行情的人。而底部的构造一定是在悄悄的、不知不觉中，润物细无声的过程中建仓完成的。

如果你是一个浮躁的人，一定看不到这样的一个趋势，而且我认为市场里面90%的人也看不到这样的机会。

从大盘成交量就看得出来，今天市场多空双方无明显动作。多方虽有上攻但放回来的时候也比较轻巧，而空方虽然有人抛出也有人稳健地接住。在上冲的时候有人轻微地压盘，在下跌的时候有人轻微地接住。从这两个动作说明有一些资金在干扰这个市场，市场并不是一个正常的波动。干扰市场为了什么样的目标？就这点成交量还不够机构塞牙缝的。为了吸到足够多的筹码。

所以这个底一定是潜伏底，一定是无量的，一定是很多短线资金看不到的。这样的大盘底部才真正可怕！我再次给大家强调一遍：大盘重大买点即将出现！

我认为下半年指数会有很好的表现，而我们知道指数的上涨会体现在指标股的强势，好的指标股会先于大盘出现上涨。无疑指标股中的银行股已经出现了一个强势的表现。

优质的银行股面临机遇，财政部近期发布了2005年7月1日开始执行的《金融企业呆账准备提取管理办法》，进一步和国际接轨的举措使得优质的银行股受益，其赢利能力上升，静态估值水平有望大幅下降，投资吸引力也将大幅上升。所以，优质银行股在此规定之下，将更加优化本身的资产质地，得到更多国际资本的关注。近期 QFII 的 50 亿美元的额度正在逐步批准，而 QFII 关注什么行业呢？最近很多大的国际资本和中国各大商业银行有了众多合作，以及参股。这就是一个重要的信号。

而这些巨无霸银行股明显已经和目前大盘的走势不一致了，例如浦发银行，可以明显关注到每次上涨带量，大量涨一两天，小量杀回来，每一次上涨都带量明显是攻击性的买盘；稳健的买盘导致股价不断创新高，已经上涨了 23%。同时我们也注意到招商银行也是如此，在最近一段时间招商银行明显和大盘不同，已经从底部走出了稳健上涨的趋势，涨幅达到了 17%。

细心的投资朋友已经注意到了：每一波行情启动前，都有些指标股先于大盘启动。因为这些巨无霸的筹码收集绝对不是一日之功。不是说一个散户几万元或者十来万元，两分钟就可以快速满仓。机构几十个亿如何完成建仓呢？现在的成交量下，只能在反反复复的过程中才能收集到足够的筹码，所以你一定要看到这个大趋势。

2005 年 7 月 20 日　星期三　农历：乙酉年　六月十五日

我认为一定要看准大趋势。在市场观望的气氛下，只有提前对市场作出判断才是非常重要的，尤其是对于那些大资金的投资朋友，很明显必须提前对市场作出判断。例如，我们谈到的 QFII，在现在每天两市合计成交仅仅 70 多亿元的背景下，这点成交量怎样完成建仓？500 多亿元的资金怎么买才是关键。所以我们特别强调大资金必须认准大趋势，必须提前市场布局，才能取得成功。

我在市场的投资目标就是：紧抓中线牛股，深挖短线黑马，做少数派，成大赢家。

下半年的行情我是这样认识的：我坚持认为下半年就是抢钱行情，要看到管理层稳定市场的决心，同时要看到后期实质性利好出台是可以预期的。要坚决地看好下半年的行情。关键是我们可以看到目前已经有资金在这市场里明显收集筹码，当然可能还没有初期建仓完毕的程度，它们已经收集到了一些筹码，已经可以影响大盘的涨涨跌跌了。

虽然今天成交量不大，但是在今天的大盘筑底和拉升的两波过程中间我们明显可以看到它们的力量。首先是在底部明显有资金在承接，虽然承接盘不太大，但在有限的抛盘下，要不了多少成交量就能拉起来。而拉起来是时候也是一样，因为目前很多人还是没有意识到市场在这里实际上是在构筑大底，还在盲目地看到800点。仍然不敢做多，所以很轻微地压盘就能够将大盘指数压下。很明显，市场中有些机构不但已经收集到了一些筹码，而且还有很多资金在不断地收集筹码之中。

我们来看一段历史上的上证指数的走势。1995年很多人认为500点必破，当股市一路摇摇晃晃地从600点跌下来的时候，指数在这里横盘了一个月，请注意整个走势：杀下来后就不跌了，整数关口并没有继续下跌，反而出现了小阳线吸货，一根小阴线杀下来继续吸货，反复吸货一个月然后启动。在横盘了一个月之后，真正展开的1996年1月的一波行情指数都翻了三倍，大盘整整涨了一年。

这给了我很大的一个启发：不是说不破不立。很多人认为不破不立，但我认为这是不正确的，大盘一直向下，不破不立有的也只是反弹。而反弹的力度总是一波比一波弱。就像皮球当我们把它扔到地上的时候，总是越弹越弱一样。老是说不破不立，其实每一次破位后总是只有反弹而已。

过去大盘从2001年的2245点一路下跌，中途反复地破底，的确每次破底后市场都产生了行情，可是每一次行情回过头来看都仅仅是反弹。

我认为，如果现在指数能够在这里走出一个扎实的平台底的话，那么后面能看到的应该不是反弹行情，而是非常惊人的大行情。就像1996年初的那一波行情一样，在所有人都认为必破500点的时候，在所有人认为500点不破不立的时候，市场就是反复整理不破500点，最后所有错过行情的人都被轧空上行，不得不在高位追入。在市场跌势中输了很多钱之后空仓的朋友，大盘一旦明确向上，就不得不在高位追涨了。

所以，我要强调不破不立的实质是什么呢？不破不立是一种市场弱势的状态。只有破了底部才能吸引外围的增量资金的介入，本身就是一种弱市的表现。而如果能够搭平台上行的话，反而表明市场有机会走出中线的大行情。

总结一下：1996~1997年的行情最大特点就是底部没有破位，而且打底的时间非常充分，也只有这种充分的打底，才会出现后面出乎大部分人预料的时间跨度长涨幅巨大的行情。

而目前的市场为什么会在这里整理？因为在目前的低成交水平下，某些资金需要在这里充分建仓。维持小盘局恰恰是最有眼光的机构最明智的选择。而当它建仓完毕的时间，就会出现图穷匕见的效果，那个时候再去追涨就来不及了。

所以，我提醒大家注意的是：不要在最低点卖出股票，不要在最低点踏空整个行情。

目前的市场也类似：很多人都认为1000点应该被击穿，不破不立嘛。其实如果能够横盘整理的话对行情的发展更为有利。越是不放量的横盘，越是孕育着巨大的机会。

市场中的"二八现象"同时也决定了指数不会傻乎乎地跌到800点或者900点。因为不可能有80%的人都买到底部，市场里没有最聪明的人。当大家都预期一件事情的时候，它就不会实现。

当年在2200点的时候，很多节目中的分析师坚决认为2300点不见不散，或者2500点不见不散，结果如何我就不说了。

每一次历史都是这样简单地重复，大家都看到的位置永远都不会实现。但是总会有先知先觉的人，在合适的位置先知先觉地做出了正确的选择。

成为赢家就是要和大多数人迈出不一样的步伐，在别人观望的时候，你要拿出勇气和决心来！绝对不要在底部踏空，本周就是开始建仓的绝佳时机！

2005年7月21日　星期四　农历：乙酉年　六月十六日

今天市场出现了放量，而且盘中一度还出现了一波比较吓人的下跌行情，从10时半一直跌到了下午1时半，有相当部分个股在这样一波绵绵阴跌中跌幅超过了5%。而这种走势我认为是再好不过了，让那些不坚定的人在底部退出正是大机构的目的。

所以，观众朋友在这里绝对不要放弃，我看到的是下半年的巨大行情。我在市场的投资目标就是：紧抓中线牛股，深挖短线黑马，做少数派，成大赢家。我特别强调下半年是抢钱行情，要看到管理层稳定市场的决心，操作上应该紧紧抓住中线黑马。而且中短结合把利润做到最大才是一个正确的方向。

那么下半年的行情究竟有多大呢？我认为如果你到下半年连20%都没

赚到，那就说明你做得很差。

我想，等下半年行情全面喷发的时候，现在每一个重仓的投资朋友都是幸运的。所以，等行情真正拉出第一根大阳线的时候，你应该反问一下自己是否做到了重仓出击，譬如你有500万元的资金可以动用，你现在只投入20万元参与市场，就算你现在20万元买到了满仓，等到市场涨到1300点以上之后，才把那500万元投入市场，这叫“倒金字塔”买股票，底部不重仓，在上面大买股票，那一定是输钱的人。

我不但强调这里是底部，更加强调的是要在这里加到重仓，就在目前这个位置加到重仓！底部只买不卖，一股都不能卖。

所以，我要特别强调，大盘的“二八现象”就决定了大盘不会简单地跌到大家认为的900点或者是800点。根本不会有可能所有的人都买到底部，因为没有哪一次行情的底部是被大多数人踩中了的。

从今天的盘面也可以看到一些特点，我说过会有人刻意地压盘也会有神奇的力量把市场拉起来。那么这种力量肯定是有备而来，已经在1000点以上开始建仓会容忍大盘跌到800点吗？而且只要有人开始介入了，那些踏空的资金在大盘不再下跌的背景下，只能追高买进。道理再简单不过：难道你能容忍亏损了70%、80%，在最底部和市场说再见？绝对不能容忍的就是在底部踏空，我重点强调的是横盘对市场后期的发展更为有利。如果市场能够在1000点以上平台整理的话，那么下半年的行情会非常巨大。

不要告诉我不破不立，因为昨天的节目中我已经非常明确地告诉大家，不破不立的实质说明市场很弱，每一次只能下一个台阶，才能够吸引增量资金介入，才能够推动指数再向上产生一波反弹而已。而如果指数能够在1000点以上站住，那说明了什么呢？我们不妨想想大机构建仓花了一个月的时间，你说后面的行情会有多大呢？起码几个月的行情是可以预期的。

我说了横盘最好，果然今天大盘出现了横盘走势。今天盘中这样一波下跌行情很多人也被吓得半死，但是尾市又被神奇地拉了回来，我特别要强调的就是平淡背后的不平凡，介入资金的暗流涌动。平盘走势意味深长。

从上周五开始我就强调，本周应该充分地买股票将仓位加到最重，实际上本周五的走势极为关键，那就是本周五时空隧道开启，关于本周五是时空隧道需要做详细的分析，需要很多理论的堆积，重点是对整个市场的详细定量分析。

实际上，在5月份，我已经对市场做了详细的分析，5月底分析的结果就是：本轮行情调整的最低点将会出现在7月底，而且恰恰落在本周五，也就是明天！很重要的时空隧道就在本周五打开，它的威力将是非常惊人的。所以从本周一开始我就特别地强调本周我的原则是买、买、买、买、买！

坚决买股票，不要去幻想900点、800点。因为当趋势摆在这里的时候，我们只能选择和大机构同步介入！日线我们可以看到：在大阳线喷出来后，大盘在这里整理了7个交易日，今天收出了十字星意味深长。对于那些还敢看到800点、900点的人来讲还有机会，现在毕竟还没有出现大阳线，还有机会充分地回补筹码。那么你要不要回补筹码？你要在什么点位回补？难道你打算不玩了吗？股市里面输的钱，从哪里跌倒就从哪里爬起来。

应该在目前的位置坚决重仓出击，甚至应该在底部坚决采取金字塔建

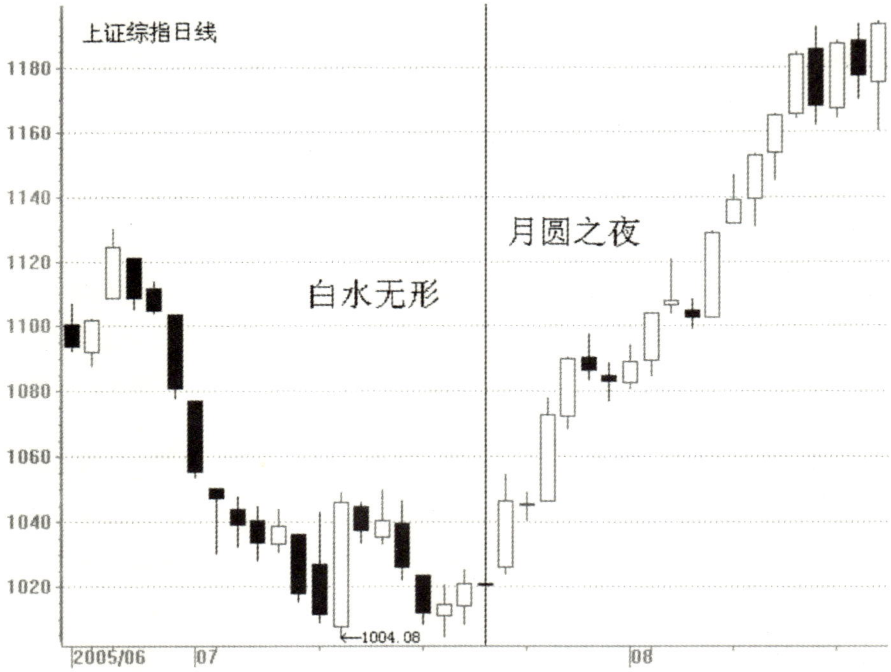

仓，也就是假设你在上面投入了10万元，现在反而应该再拿出30万元来投入市场。这才是一种气势！因为你看到的是下半年的大趋势。所以千万不要再底部乱卖筹码，等到大盘大阳线拉起来，你会尴尬到该买什么股票都不知道。

所以要特别提醒大家绝对不能在底部踏空，不能在行情启动的前夜踏空。俗话说："十五的月亮，十六圆。"今天晚上正好是农历的六月十六，根据紫金山天文台的计算，今天晚上将是2005年我国能看到的月亮最圆最大的一夜，希望观众朋友们能够在欣赏月圆的同时高度关注明天大盘的走势，因为时空隧道在这里打开！

2005年7月22日　星期五　农历：乙酉年　六月十七日

实际上行情就是这样，有时候必须先人一步。只要你连续看了我本周所有的节目而且还按照我从周一到周四的建议都重仓买了股票，那么今天的大阳线一定让你非常开心。在绝大多数人都看到了大盘要跌到900点、800点的时候，你千万不要成为芸芸众生里的一员，要想在股市里面获得暴利，必须做一个不平凡者。

我们看一看大盘，今天上证指数果然上涨了25.69点。而昨天我还在栏目中提示大家：本周五时空隧道开启，绝对不要最后关头在底部踏空！

我个人认为分析是尽人事，竭尽我多年的分析能力，按照我多年总结下来的一个公式分析到7月底应该有一次变盘的契机。但是否能够变盘呢？必须天时地利人和结合在一起才能产生巨大的威力。

很明显，在昨天晚上的新闻联播里我们看到了契机：中国人民银行发布公告自2005年7月21日19时起，人民币兑美元的交易价格调整为8.11:1，今后每天仍可在此基础上上下浮动千分之三。

所以，我想必须天时地利人和结合在一起，虽然分析到这个时间点，但是市场是否能够变盘，还是需要一些外力的触发。当我们看到昨天人民币升值的消息时，就会明白所有关于人民币的资产都实现了一个升值，而股市代表的恰好全部是人民币资产，当然应该出现一个明显的升值。

关键是，我们要看清事情的本质，人民币升值只是一个导火索，而实质在于市场在这里只要是不破1000点横盘后上攻，那么下半年的行情必将非常巨大。

所以，从上周五开始，我就强调在空头最肆虐的时候我看到的却是多头的全力反击。上周五节目中提到：大盘重大买点即将出现。按照我自己独创的理论5月份分析的结果：就在7月底到8月初，大盘将完成变盘。

但是怎么样完成这样一个过程，当真正来到7月底的时候，怎么样在行动上实现它呢？有些人分析得到，但是能不能做到就是另外一回事了。就像打麻将一样，有人经常说："早知道我就不打这张牌了，其实我已经看到了这张牌打出去危险。"有意义吗？分析得准并不一定很管用，我在节目中不但看到了趋势而且还给观众朋友强调就应该重仓出击。

来看看我是怎么给大家建议的：当大盘再度跌到接近1000点并且7月18日、19日连续出现了十字星的时候，我做出了明确的表态：千万不要在底部踏空。反复强调一定要坚决布局，坚决地买。7月20日开始行动布局潜力中线股。7月21日继续坚决买股票，并且要买到重仓。

所以我说，分析得准并不一定很管用，关键是能不能落实到行动上。很多人都是思想上的巨人，行动上的矮子。就像我举的例子，如果你有2000万元的身家，目前仅仅持有100万元的股票，那我就送给你两个字：耻辱！你已经开始和行情擦肩而过了，因为后面还有几百个点的行情。看到趋势了就必须参与，而且应该勇敢果断重仓参与。所以我特别强调一定要在本周加到重仓。

总结一下，实际上，昨晚是月圆之夜。月圆之夜，时空隧道开启；大牛抬头，上涨拉开帷幕！这就是我要告诉观众朋友的，整个下半年的大行情从这里拉开帷幕。

但是大家请记住，这一波的大行情和以前的行情会有很大的不同，过去我已经给大家做过预测了，那就是扎实稳健、涨幅巨大、出人预料，但并不是每天都会拉出巨大的阳线。我想即使今天大涨了，仍然有很多人犹犹豫豫，所以我相信这一句话也会被印证：行情将在不知不觉中展开，行情会在很多人犹犹豫豫中间继续反复上行，不停地向纵深发展。

我不希望看到的是当未来市场已经上涨到1200点、1300点甚至更高的时候，很多观众朋友才觉悟过来，才参与到市场当中。

当市场来到这里的时候，我要送给观众朋友三个字：觉悟吧！

附：沪深300指数成分股对指数影响表

本表以2007年3月15日收市后，沪深300指数的收盘价2 645.55点为基础，计算整理而成。

序号	股票代码	股票名称	当时股价（元）	总股本（万股）	流通A股（万股）	流通比例	指数权重（%）	涨停指数贡献（点）
1	600016	民生银行	11.19	1 016 711	611 353	0.60	3.27	8.65
2	600036	招商银行	15.80	1 470 326	470 963	0.32	3.13	8.28
3	600030	中信证券	41.54	298 150	171 457	0.58	3.09	8.17
4	000002	万科A	16.00	436 990	325 425	0.74	2.4	6.35
5	600019	宝钢股份	9.00	1 751 200	472 994	0.27	1.95	5.16
6	601398	工商银行	4.95	33 401 884	918 078	0.03	1.89	5.00
7	600050	中国联通	5.13	2 119 660	832 000	0.39	1.81	4.79
8	601318	中国平安	44.96	734 505	57 500	0.08	1.8	4.76
9	600000	浦发银行	24.11	435 488	133 226	0.31	1.67	4.42
10	600900	长江电力	12.15	818 674	323 739	0.40	1.64	4.34
11	600519	贵州茅台	97.42	94 380	30 232	0.32	1.51	3.99
12	600018	上港集团	8.13	2 099 069	242 171	0.12	1.42	3.76

（续表）

序号	股票代码	股票名称	当时股价（元）	总股本（万股）	流通A股（万股）	流通比例	指数权重（%）	涨停指数贡献（点）
13	600028	中国石化	8.74	8 670 244	358 400	0.04	1.3	3.44
14	601006	大秦铁路	11.96	1 297 676	212 123	0.16	1.28	3.39
15	600009	上海机场	25.09	192 696	99 713	0.52	1.18	3.12
16	000001	S深发展A	18.37	194 582	140 936	0.72	1.17	3.10
17	000063	中兴通讯	45.50	95 952	48 711	0.51	1.08	2.86
18	000858	五粮液	24.45	271 140	89 362	0.33	1.07	2.83
19	600005	武钢股份	8.87	783 800	237 000	0.30	1.07	2.83
20	601988	中国银行	4.98	25 383 916	520 779	0.02	1.07	2.83
21	600104	上海汽车	12.98	655 103	148 075	0.23	1.04	2.75
22	002024	苏宁电器	62.48	72 075	29 420	0.41	0.91	2.41
23	601628	中国人寿	32.48	2 826 471	60 000	0.02	0.8	2.12
24	000898	鞍钢股份	12.35	593 299	94 245	0.16	0.78	2.06
25	000039	中集集团	23.79	221 866	66 577	0.30	0.71	1.88
26	600320	振华港机	14.18	308 184	108 855	0.35	0.7	1.85

（续表）

序号	股票代码	股票名称	当时股价（元）	总股本（万股）	流通 A 股（万股）	流通比例	指数权重（%）	涨停指数贡献（点）
27	600583	海油工程	35.60	79 200	39 630	0.50	0.69	1.83
28	000793	华闻传媒	12.04	136 013	116 942	0.86	0.68	1.80
29	600015	华夏银行	9.79	420 000	156 000	0.37	0.68	1.80
30	600309	烟台万华	31.14	118 810	45 940	0.39	0.62	1.64
31	600642	申能股份	11.03	288 963	136 845	0.47	0.61	1.61
32	600177	雅 戈 尔	13.56	178 129	90 662	0.51	0.6	1.59
33	600832	东方明珠	14.94	192 648	85 999	0.45	0.59	1.56
34	000825	太钢不锈	16.58	266 040	78 390	0.29	0.55	1.46
35	000527	美的电器	28.85	63 036	41 612	0.66	0.54	1.43
36	600037	歌华有线	34.09	66 251	36 444	0.55	0.53	1.40
37	000652	泰达股份	16.01	105 398	69 881	0.66	0.51	1.35
38	000568	泸州老窖	30.03	87 140	37 500	0.43	0.5	1.32
39	600585	海螺水泥	35.53	125 568	26 278	0.21	0.5	1.32
40	601111	中国国航	7.15	1 225 136	128 900	0.11	0.47	1.24

（续表）

序号	股票代码	股票名称	当时股价（元）	总股本（万股）	流通 A 股（万股）	流通比例	指数权重（%）	涨停指数贡献（点）
41	600010	包钢股份	5.47	339 059	184 478	0.54	0.46	1.22
42	600739	辽宁成大	27.77	49 845	39 775	0.80	0.46	1.22
43	000069	华侨城 A	20.97	111 121	48 987	0.44	0.45	1.19
44	000402	金 融 街	14.92	107 845	65 194	0.60	0.45	1.19
45	600001	邯郸钢铁	6.35	279 144	142 351	0.51	0.45	1.19
46	600100	同方股份	26.61	57 461	38 463	0.67	0.45	1.19
47	601166	兴业银行	24.11	500 000	45 075	0.09	0.45	1.19
48	600881	亚泰集团	9.40	115 899	94 020	0.81	0.44	1.16
49	000792	盐湖钾肥	26.84	76 755	33 600	0.44	0.43	1.14
50	600717	天 津 港	14.23	144 884	72 326	0.50	0.43	1.14
51	600887	伊利股份	25.51	51 647	37 092	0.72	0.43	1.14
52	000562	宏源证券	22.44	146 120	31 997	0.22	0.42	1.11
53	000629	新 钢 钒	6.54	254 835	138 146	0.54	0.42	1.11
54	000839	中信国安	24.86	78 000	33 496	0.43	0.41	1.08

（续表）

序号	股票代码	股票名称	当时股价（元）	总股本（万股）	流通 A 股（万股）	流通比例	指数权重（%）	涨停指数贡献（点）
55	600795	国电电力	10.18	243 592	94 421	0.39	0.41	1.08
56	000060	中金岭南	24.35	66 480	39 260	0.59	0.4	1.06
57	600143	金发科技	66.28	31 850	13 432	0.42	0.4	1.06
58	600660	福耀玻璃	19.36	100 149	46 137	0.46	0.4	1.06
59	600497	驰宏锌锗	94.99	19 500	8 890	0.46	0.39	1.03
60	000623	吉林敖东	45.88	28 668	19 168	0.67	0.38	1.01
61	600811	东方集团	13.02	89 039	66 296	0.74	0.38	1.01
62	000709	唐钢股份	7.84	226 630	109 377	0.48	0.36	0.95
63	000983	西山煤电	14.17	121 200	56 621	0.47	0.36	0.95
64	600690	青岛海尔	10.76	119 647	74 233	0.62	0.36	0.95
65	600500	中化国际	13.23	125 769	51 505	0.41	0.35	0.93
66	600694	大商股份	36.66	29 372	21 130	0.72	0.35	0.93
67	000651	格力电器	16.90	80 541	40 549	0.50	0.34	0.90
68	600048	保利地产	54.89	55 000	15 000	0.27	0.34	0.90

（续表）

序号	股票代码	股票名称	当时股价（元）	总股本（万股）	流通 A 股（万股）	流通比例	指数权重（%）	涨停指数贡献（点）
69	600601	方正科技	6.49	124 126	124 126	1.00	0.34	0.90
70	000024	招商地产	28.51	61 882	24 502	0.40	0.33	0.87
71	600026	中海发展	13.11	332 600	45 150	0.14	0.33	0.87
72	600029	S 南 航	6.25	437 418	100 000	0.23	0.33	0.87
73	600031	三一重工	41.10	48 000	17 294	0.36	0.33	0.87
74	600688	S 上石化	8.26	720 000	72 000	0.10	0.33	0.87
75	600839	四川长虹	6.03	189 821	127 488	0.67	0.33	0.87
76	600868	梅雁水电	4.22	189 815	160 104	0.84	0.33	0.87
77	600383	金地集团	16.94	66 600	42 750	0.64	0.32	0.85
78	000539	粤电力 A	10.08	265 940	74 875	0.28	0.31	0.82
79	000768	西飞国际	19.62	62 640	35 380	0.56	0.31	0.82
80	600150	沪东重机	72.00	26 256	10 164	0.39	0.31	0.82
81	600879	火箭股份	19.08	49 138	36 780	0.75	0.31	0.82
82	000932	华菱管线	6.78	219 594	88 056	0.40	0.3	0.79

（续表）

序号	股票代码	股票名称	当时股价（元）	总股本（万股）	流通 A 股（万股）	流通比例	指数权重（%）	涨停指数贡献（点）
83	600183	生益科技	10.73	95 702	60 370	0.63	0.3	0.79
84	000027	深能源 A	11.65	120 250	55 179	0.46	0.29	0.77
85	600008	首创股份	8.09	220 000	78 000	0.35	0.29	0.77
86	600098	广州控股	8.72	205 920	67 968	0.33	0.29	0.77
87	600456	宝钛股份	46.29	40 662	13 941	0.34	0.29	0.77
88	000088	盐 田 港	13.81	124 500	40 592	0.33	0.28	0.74
89	000625	长安汽车	14.10	162 085	46 256	0.29	0.28	0.74
90	000729	燕京啤酒	12.35	110 022	48 215	0.44	0.28	0.74
91	600797	浙大网新	10.16	81 304	63 420	0.78	0.28	0.74
92	000089	深圳机场	9.10	143 968	65 288	0.45	0.27	0.71
93	000157	中联重科	25.31	50 700	22 308	0.44	0.27	0.71
94	000895	S 双 汇	31.17	51 356	20 175	0.39	0.27	0.71
95	600004	白云机场	12.75	100 000	49 696	0.50	0.27	0.71
96	600331	宏达股份	22.87	41 600	25 037	0.60	0.27	0.71

(续表)

序号	股票代码	股票名称	当时股价（元）	总股本（万股）	流通 A 股（万股）	流通比例	指数权重（%）	涨停指数贡献（点）
97	600663	陆 家 嘴	16. 56	186 768	29 035	0. 16	0. 27	0. 71
98	600895	张江高科	11. 06	121 567	58 249	0. 48	0. 27	0. 71
99	000630	铜都铜业	10. 08	86 436	55 751	0. 64	0. 26	0. 69
100	000878	云南铜业	16. 50	125 669	36 494	0. 29	0. 26	0. 69
101	600588	用友软件	40. 64	22 464	13 619	0. 61	0. 26	0. 69
102	600653	申华控股	4. 43	145 532	145 532	1. 00	0. 26	0. 69
103	600675	中华企业	13. 07	69 746	44 520	0. 64	0. 26	0. 69
104	000036	华联控股	7. 78	112 389	76 811	0. 68	0. 25	0. 66
105	000751	锌业股份	9. 25	111 013	57 606	0. 52	0. 25	0. 66
106	000869	张 裕 A	57. 99	52 728	8 307	0. 16	0. 25	0. 66
107	000930	丰原生化	7. 95	96 441	76 876	0. 80	0. 25	0. 66
108	600089	特变电工	20. 41	42 702	28 810	0. 67	0. 25	0. 66
109	600269	赣粤高速	11. 18	116 767	55 692	0. 48	0. 25	0. 66
110	600418	江淮汽车	8. 25	91 395	65 835	0. 72	0. 25	0. 66

（续表）

序号	股票代码	股票名称	当时股价（元）	总股本（万股）	流通 A 股（万股）	流通比例	指数权重（%）	涨停指数贡献（点）
111	600428	中远航运	18.60	65 520	32 676	0.50	0.25	0.66
112	600886	国投电力	12.35	81 349	45 441	0.56	0.25	0.66
113	000778	新兴铸管	8.58	111 223	60 111	0.54	0.24	0.63
114	000800	一汽轿车	7.52	162 750	72 613	0.45	0.24	0.63
115	600271	航天信息	46.46	30 780	10 135	0.33	0.24	0.63
116	600649	原水股份	7.80	188 440	68 424	0.36	0.24	0.63
117	600808	马钢股份	6.20	645 530	80 400	0.12	0.24	0.63
118	000100	TCL 集团	4.24	258 633	124 291	0.48	0.23	0.61
119	000528	柳 工	20.17	47 246	26 282	0.56	0.23	0.61
120	000538	云南白药	28.27	48 405	18 664	0.39	0.23	0.61
121	600308	华泰股份	14.17	48 041	34 639	0.72	0.23	0.61
122	600616	第一食品	21.26	36 556	24 957	0.68	0.23	0.61
123	600631	百联股份	12.71	110 103	42 506	0.39	0.23	0.61
124	600718	东软股份	33.16	28 145	14 157	0.50	0.23	0.61

（续表）

序号	股票代码	股票名称	当时股价（元）	总股本（万股）	流通 A 股（万股）	流通比例	指数权重（%）	涨停指数贡献（点）
125	600786	S 东 锅	44. 84	40 142	10 260	0. 26	0. 23	0. 61
126	000061	农 产 品	19. 42	38 766	26 330	0. 68	0. 22	0. 58
127	000503	海虹控股	11. 69	74 902	39 229	0. 52	0. 22	0. 58
128	000758	中色股份	14. 92	58 080	34 193	0. 59	0. 22	0. 58
129	000960	锡业股份	19. 40	53 686	25 711	0. 48	0. 22	0. 58
130	600011	华能国际	8. 18	1 205 538	65 000	0. 05	0. 22	0. 58
131	600058	五矿发展	15. 89	82 697	30 420	0. 37	0. 22	0. 58
132	600132	重庆啤酒	47. 38	28 637	10 807	0. 38	0. 22	0. 58
133	600188	兖州煤业	8. 96	491 840	36 000	0. 07	0. 22	0. 58
134	600198	大唐电信	19. 90	43 899	22 160	0. 50	0. 22	0. 58
135	000410	沈阳机床	24. 92	34 092	18 659	0. 55	0. 21	0. 56
136	000933	神火股份	14. 93	50 000	31 160	0. 62	0. 21	0. 56
137	600022	济南钢铁	11. 19	112 800	34 320	0. 30	0. 21	0. 56
138	600123	兰花科创	21. 09	40 800	20 576	0. 50	0. 21	0. 56

（续表）

序号	股票代码	股票名称	当时股价（元）	总股本（万股）	流通 A 股（万股）	流通比例	指数权重（%）	涨停指数贡献（点）
139	600205	S 山东铝	25.41	67 200	19 200	0.29	0.21	0.56
140	600270	外运发展	14.01	90 548	29 501	0.33	0.21	0.56
141	600299	星新材料	28.30	36 000	15 600	0.43	0.21	0.56
142	600362	江西铜业	16.39	289 504	28 060	0.10	0.21	0.56
143	600569	安阳钢铁	5.01	201 824	95 475	0.47	0.21	0.56
144	600596	新安股份	29.06	28 679	16 195	0.56	0.21	0.56
145	000021	长城开发	13.46	87 952	31 168	0.35	0.2	0.53
146	000425	徐工科技	15.90	54 509	28 189	0.52	0.2	0.53
147	000680	山推股份	10.35	57 710	45 247	0.78	0.2	0.53
148	000717	韶钢松山	5.99	134 112	73 552	0.55	0.2	0.53
149	000927	一汽夏利	10.38	159 517	32 613	0.20	0.2	0.53
150	600085	同仁堂	23.27	43 402	19 425	0.45	0.2	0.53
151	600161	天坛生物	29.99	32 550	14 235	0.44	0.2	0.53
152	600220	江苏阳光	7.29	96 397	63 686	0.66	0.2	0.53

（续表）

序号	股票代码	股票名称	当时股价（元）	总股本（万股）	流通 A 股（万股）	流通比例	指数权重（%）	涨停指数贡献（点）
153	600296	S 兰铝	14.61	54 233	30 182	0.56	0.2	0.53
154	600357	承德钒钛	8.22	98 067	54 186	0.55	0.2	0.53
155	600628	新 世 界	12.99	53 180	33 859	0.64	0.2	0.53
156	600779	水 井 坊	14.00	48 855	29 357	0.60	0.2	0.53
157	000009	S 深宝安 A	6.78	95 881	57 953	0.60	0.19	0.50
158	000423	S 阿 胶	13.69	40 871	28 763	0.70	0.19	0.50
159	600027	华电国际	5.12	602 108	73 970	0.12	0.19	0.50
160	600096	云 天 化	20.87	53 635	21 021	0.39	0.19	0.50
161	600125	铁龙物流	10.83	59 761	39 887	0.67	0.19	0.50
162	600210	紫江企业	4.59	143 674	90 492	0.63	0.19	0.50
163	600415	小商品城	73.94	12 497	5 736	0.46	0.19	0.50
164	600600	青岛啤酒	17.04	130 822	23 576	0.18	0.19	0.50
165	000031	中粮地产	12.76	69 945	30 873	0.44	0.18	0.48
166	000488	晨鸣纸业	8.90	136 567	45 336	0.33	0.18	0.48

（续表）

序号	股票代码	股票名称	当时股价（元）	总股本（万股）	流通 A 股（万股）	流通比例	指数权重（%）	涨停指数贡献（点）
167	000807	云铝股份	16.35	54 600	26 519	0.49	0.18	0.48
168	000822	山东海化	9.85	73 581	37 471	0.51	0.18	0.48
169	600006	东风汽车	5.63	200 000	79 800	0.40	0.18	0.48
170	600066	宇通客车	15.48	39 992	26 462	0.66	0.18	0.48
171	600108	亚盛集团	4.80	144 119	99 737	0.69	0.18	0.48
172	600348	国阳新能	18.24	48 100	20 039	0.42	0.18	0.48
173	600350	山东高速	6.71	336 380	66 660	0.20	0.18	0.48
174	600489	中金黄金	30.18	28 000	12 800	0.46	0.18	0.48
175	600550	天威保变	31.20	36 500	14 499	0.40	0.18	0.48
176	600635	大众公用	6.90	92 305	64 110	0.69	0.18	0.48
177	600809	山西汾酒	33.54	43 292	10 199	0.24	0.18	0.48
178	600835	上海机电	13.27	85 228	26 915	0.32	0.18	0.48
179	000581	威孚高科	11.41	56 728	32 842	0.58	0.17	0.45
180	000767	漳泽电力	7.85	132 373	40 148	0.30	0.17	0.45

（续表）

序号	股票代码	股票名称	当时股价（元）	总股本（万股）	流通A股（万股）	流通比例	指数权重（%）	涨停指数贡献（点）
181	000875	吉电股份	5.07	77 910	64 610	0.83	0.17	0.45
182	000897	津滨发展	8.62	115 519	43 739	0.38	0.17	0.45
183	000970	中科三环	13.89	50 760	29 030	0.57	0.17	0.45
184	600361	华联综超	21.62	32 649	15 990	0.49	0.17	0.45
185	600598	北大荒	8.55	163 429	48 240	0.30	0.17	0.45
186	600643	S爱建	12.58	46 069	30 835	0.67	0.17	0.45
187	600748	上实发展	15.57	58 754	20 720	0.35	0.17	0.45
188	600761	安徽合力	22.99	35 695	17 808	0.50	0.17	0.45
189	600849	上海医药	12.40	47 431	28 606	0.60	0.17	0.45
190	601001	大同煤业	12.44	83 685	28 000	0.33	0.17	0.45
191	000682	东方电子	4.88	97 816	73 935	0.76	0.16	0.42
192	000912	泸天化	12.92	58 500	26 715	0.46	0.16	0.42
193	000917	电广传媒	13.97	33 865	25 525	0.75	0.16	0.42
194	600020	中原高速	6.29	157 500	54 936	0.35	0.16	0.42

（续表）

序号	股票代码	股票名称	当时股价（元）	总股本（万股）	流通 A 股（万股）	流通比例	指数权重（%）	涨停指数贡献（点）
195	600033	福建高速	6.76	147 960	54 000	0.36	0.16	0.42
196	600068	葛洲坝	5.46	105 160	69 160	0.66	0.16	0.42
197	600087	南京水运	10.62	51 616	35 112	0.68	0.16	0.42
198	600151	航天机电	12.79	74 854	29 872	0.40	0.16	0.42
199	600153	建发股份	12.61	61 760	29 920	0.48	0.16	0.42
200	600196	复星医药	8.40	93 560	46 433	0.50	0.16	0.42
201	600236	桂冠电力	9.77	136 503	37 622	0.28	0.16	0.42
202	600266	北京城建	13.43	74 100	23 850	0.32	0.16	0.42
203	600432	吉恩镍业	33.74	22 800	11 211	0.49	0.16	0.42
204	600535	天士力	24.31	30 500	13 332	0.44	0.16	0.42
205	600741	巴士股份	6.08	94 395	56 784	0.60	0.16	0.42
206	600780	通宝能源	5.57	87 294	64 965	0.74	0.16	0.42
207	600787	中储股份	9.78	62 068	34 569	0.56	0.16	0.42
208	600812	华北制药	4.68	102 858	73 594	0.72	0.16	0.42

（续表）

序号	股票代码	股票名称	当时股价（元）	总股本（万股）	流通 A 股（万股）	流通比例	指数权重（%）	涨停指数贡献（点）
209	600875	东方电机	45. 60	45 000	7 620	0. 17	0. 16	0. 42
210	000401	冀东水泥	7. 65	96 277	47 756	0. 50	0. 15	0. 40
211	000559	万向钱潮	6. 81	102 559	46 820	0. 46	0. 15	0. 40
212	000900	现代投资	12. 94	39 917	26 138	0. 65	0. 15	0. 40
213	002008	大族激光	24. 91	24 079	12 725	0. 53	0. 15	0. 40
214	600102	莱钢股份	13. 91	92 227	22 308	0. 24	0. 15	0. 40
215	600221	海南航空	5. 36	353 025	49 470	0. 14	0. 15	0. 40
216	600316	洪都航空	28. 41	25 200	10 800	0. 43	0. 15	0. 40
217	600549	厦门钨业	23. 46	52 460	15 480	0. 30	0. 15	0. 40
218	600820	隧道股份	8. 64	59 113	37 489	0. 63	0. 15	0. 40
219	600851	海欣股份	6. 63	120 706	53 606	0. 44	0. 15	0. 40
220	000400	许继电气	12. 38	37 827	26 404	0. 70	0. 14	0. 37
221	000937	金牛能源	8. 70	78 694	33 274	0. 42	0. 14	0. 37
222	600256	广汇股份	9. 90	86 606	30 600	0. 35	0. 14	0. 37

（续表）

序号	股票代码	股票名称	当时股价（元）	总股本（万股）	流通 A 股（万股）	流通比例	指数权重（%）	涨停指数贡献（点）
223	600547	山东黄金	41.99	16 000	7 500	0.47	0.14	0.37
224	600639	浦东金桥	14.10	84 439	22 694	0.27	0.14	0.37
225	600747	大显股份	4.84	106 433	64 560	0.61	0.14	0.37
226	000012	南 玻 A	13.58	101 546	21 768	0.21	0.13	0.34
227	000422	湖北宜化	7.06	54 238	38 912	0.72	0.13	0.34
228	000601	韶能股份	5.29	84 141	58 543	0.70	0.13	0.34
229	000636	风华高科	7.58	67 097	36 130	0.54	0.13	0.34
230	600021	上海电力	6.68	156 351	31 680	0.20	0.13	0.34
231	600062	双鹤药业	12.22	44 108	24 534	0.56	0.13	0.34
232	600118	中国卫星	27.42	22 740	9 504	0.42	0.13	0.34
233	600282	南钢股份	6.76	93 600	39 600	0.42	0.13	0.34
234	600472	包头铝业	14.50	43 100	21 524	0.50	0.13	0.34
235	600655	豫园商城	16.83	46 533	16 399	0.35	0.13	0.34
236	600662	强生控股	7.55	62 580	33 488	0.54	0.13	0.34

（续表）

序号	股票代码	股票名称	当时股价（元）	总股本（万股）	流通 A 股（万股）	流通比例	指数权重（%）	涨停指数贡献（点）
237	600770	综艺股份	16. 56	27 000	17 415	0. 65	0. 13	0. 34
238	600863	内蒙华电	5. 14	198 122	53 387	0. 27	0. 13	0. 34
239	600970	中材国际	36. 90	16 800	7 250	0. 43	0. 13	0. 34
240	600997	开滦股份	10. 80	56 120	24 604	0. 44	0. 13	0. 34
241	000022	深赤湾 A	20. 45	64 476	9 394	0. 15	0. 12	0. 32
242	000520	长航凤凰	5. 65	67 472	48 008	0. 71	0. 12	0. 32
243	000828	东莞控股	9. 30	103 952	29 722	0. 29	0. 12	0. 32
244	600170	上海建工	8. 02	71 930	31 356	0. 44	0. 12	0. 32
245	600171	上海贝岭	8. 05	61 255	35 819	0. 58	0. 12	0. 32
246	600200	江苏吴中	5. 73	62 370	45 061	0. 72	0. 12	0. 32
247	600312	平高电气	16. 36	36 517	15 522	0. 43	0. 12	0. 32
248	600508	上海能源	9. 81	72 272	27 153	0. 38	0. 12	0. 32
249	600591	上海航空	4. 71	108 150	62 765	0. 58	0. 12	0. 32
250	600597	光明乳业	9. 13	104 189	26 880	0. 26	0. 12	0. 32

（续表）

序号	股票代码	股票名称	当时股价（元）	总股本（万股）	流通 A 股（万股）	流通比例	指数权重（%）	涨停指数贡献（点）
251	000541	佛山照明	16. 22	35 845	14 609	0. 41	0. 11	0. 29
252	000550	江铃汽车	12. 98	86 321	20 168	0. 23	0. 11	0. 29
253	000725	京东方 A	4. 98	287 157	39 581	0. 14	0. 11	0. 29
254	000969	安泰科技	14. 34	40 115	18 450	0. 46	0. 11	0. 29
255	600007	中国国贸	13. 70	100 728	20 000	0. 20	0. 11	0. 29
256	600012	皖通高速	7. 99	165 861	30 000	0. 18	0. 11	0. 29
257	600060	海信电器	8. 99	49 377	25 480	0. 52	0. 11	0. 29
258	600307	酒钢宏兴	7. 31	87 360	31 680	0. 36	0. 11	0. 29
259	600637	广电信息	6. 76	64 442	37 225	0. 58	0. 11	0. 29
260	600754	锦江股份	14. 44	60 324	17 786	0. 29	0. 11	0. 29
261	600884	杉杉股份	9. 04	41 086	25 078	0. 61	0. 11	0. 29
262	000029	深深房 A	6. 94	101 166	26 938	0. 27	0. 1	0. 26
263	000962	东方钽业	11. 54	35 640	18 813	0. 53	0. 1	0. 26
264	000997	新 大 陆	10. 30	37 700	18 682	0. 50	0. 1	0. 26

（续表）

序号	股票代码	股票名称	当时股价（元）	总股本（万股）	流通 A 股（万股）	流通比例	指数权重（%）	涨停指数贡献（点）
265	600078	澄星股份	8. 24	63 982	30 328	0. 47	0. 1	0. 26
266	600410	华胜天成	35. 27	18 330	5 990	0. 33	0. 1	0. 26
267	600460	士 兰 微	11. 94	40 408	19 672	0. 49	0. 1	0. 26
268	600602	广电电子	5. 08	106 631	47 894	0. 45	0. 1	0. 26
269	000066	长城电脑	8. 22	45 849	23 908	0. 52	0. 09	0. 24
270	000786	北新建材	7. 23	57 515	27 358	0. 48	0. 09	0. 24
271	600035	楚天高速	6. 04	93 165	34 020	0. 37	0. 09	0. 24
272	600088	中视传媒	18. 70	23 673	10 140	0. 43	0. 09	0. 24
273	600110	中科英华	11. 41	33 412	16 934	0. 51	0. 09	0. 24
274	600117	西宁特钢	6. 37	69 317	29 734	0. 43	0. 09	0. 24
275	600160	巨化股份	7. 71	55 680	26 715	0. 48	0. 09	0. 24
276	600190	锦 州 港	6. 10	105 549	31 782	0. 30	0. 09	0. 24
277	600498	烽火通信	10. 31	41 000	17 941	0. 44	0. 09	0. 24
278	600521	华海药业	16. 50	23 400	13 933	0. 60	0. 09	0. 24

（续表）

序号	股票代码	股票名称	当时股价（元）	总股本（万股）	流通 A 股（万股）	流通比例	指数权重（%）	涨停指数贡献（点）
279	600548	深 高 速	7. 44	218 070	21 780	0. 10	0. 09	0. 24
280	000059	辽通化工	7. 50	66 323	26 357	0. 40	0. 08	0. 21
281	000099	中信海直	7. 00	51 360	27 403	0. 53	0. 08	0. 21
282	000698	沈阳化工	8. 13	42 241	25 266	0. 60	0. 08	0. 21
283	002025	航天电器	26. 18	14 400	6 893	0. 48	0. 08	0. 21
284	600121	郑州煤电	6. 11	62 914	29 808	0. 47	0. 08	0. 21
285	000068	S 三 星	7. 20	78 597	22 500	0. 29	0. 07	0. 19
286	000617	石油济柴	18. 17	23 962	9 584	0. 40	0. 07	0. 19
287	000708	大冶特钢	10. 07	44 941	16 818	0. 37	0. 07	0. 19
288	600073	上海梅林	10. 70	32 400	15 960	0. 49	0. 07	0. 19
289	600267	海正药业	8. 76	44 928	20 613	0. 46	0. 07	0. 19
290	600724	宁波富达	6. 12	44 468	25 354	0. 57	0. 07	0. 19
291	600834	申通地铁	8. 76	47 738	17 600	0. 37	0. 07	0. 19
292	002051	中工国际	19. 09	19 000	6 000	0. 32	0. 06	0. 16

（续表）

序号	股票代码	股票名称	当时股价（元）	总股本（万股）	流通 A 股（万股）	流通比例	指数权重（%）	涨停指数贡献（点）
293	600332	广州药业	11. 82	81 090	10 140	0. 13	0. 06	0. 16
294	600333	长春燃气	6. 54	46 152	21 672	0. 47	0. 06	0. 16
295	000761	本钢板材	8. 26	313 600	16 077	0. 05	0. 05	0. 13
296	600377	宁沪高速	6. 71	503 775	19 800	0. 04	0. 05	0. 13
297	600871	S 仪 化	6. 83	400 000	20 000	0. 05	0. 05	0. 13
298	600874	创业环保	6. 27	133 067	15 503	0. 12	0. 05	0. 13
299	002052	同洲电子	33. 31	11 297	2 860	0. 25	0. 04	0. 11
300	600627	上电股份	20. 24	51 797	5 100	0. 10	0. 04	0. 11

后　记

大盘方向——猜、猜、猜

上下未形，何由考之？
遂古之初，谁传道之？
上下未形，何由考之？
这是屈原苦苦求索的“天问”……
我们，五尺微命、一介“股人”，什么才是自己的“天问”呢？

记得在中央电视台二套《中国证券报道》栏目做嘉宾的时候，正好有一次是2004年的年底，主持人请大家预测2005年大盘指数的波动范围。当70多位全国各地来自证券公司、咨询公司的众多专业高手一起交卷后，我看到的是80%的人预测2005年大盘在1 200到1 500点之间波动。结果仅仅到2005年2月，80%的专家预测的“铁底”1 200点就已经被击穿了。是偶然吗？还是——

2005年底，我又注意到众多专家的预测：2006年指数将在1 000点到1 500点之间波动，这一观点又占到了80%，只有极个别的人“胆敢”看高到1 680点。结果……大家都看到了2006年大盘的表现。

专家不专，这怪谁呢？

股神巴菲特承认他本人根本看不准大盘的方向，索罗斯则说长线是最大的赌博。谁能看清大盘的方向呢？能不能看清呢？——这几乎是一段“天问”！

凯恩斯在他的名著《就业、利息和货币通论》中早就有所感悟：根据真正的长期预期而做投资，实在太难，几乎不可能。凡想如此从事者，较之仅想对群众行为比群众猜得略胜一筹者，其工作较重，其风险较大。而且，若两人智力相当，则前者容易出现大错。

数学家指出，在一个正反馈过程支配的系统中，运动的合力是确定性混沌。这种混沌系统的固有运动规律很难预测，但不是不可以预测的。而由于系统的复杂性，短期体现的规律有可能被挖掘，但长期趋向于无规律的状态，类似随机分布。

而我的实际经验和“白水”理论虽然取得了惊人的成绩，但必须承认的是：准确的预测绝大部分是在三个月以内的，也就是我只能在条件具备的情况下看清三个月之内的大盘趋势。至于超过三个月太长期的预测，基本上都是痴人说梦。两年、五年后的指数波动即使预测了也没有什么意义。

现在“大师”遍地，口沫横飞，什么“十年牛市”、什么“2008 年指数能涨到 5 000 点，甚至 2010 年涨到 10 000 点”——这些惊世骇俗的预测没有任何意义，甚至会毁掉你自己对大盘短期方向的认识，请记住股指期货交易中仅仅而且只能去关注三个月内的指数波动趋势。

在面临一年有机会获得几倍、几十倍甚至上百倍的暴利的时候，股指期货的争夺显得更加残酷，对手盘的交易更像是一场战争。希望本书能够成为您征战股指期货的强大武器，机会总是青睐那些做好了充分准备的人。

让我们一起来品味《孙子兵法》，这东方古老而神秘的智慧正如“白水”，生生不息、汩汩流淌：夫兵形象水，水之行，避高而趋下；兵之形，避实而击虚。水因地而制流，兵因敌而制胜。故兵无常势，水无常形。能因敌变化而取胜者，谓之神。